知的生きかた文庫

読むだけで頭がよくなる
思考実験42

小川仁志

三笠書房

◆はじめに——なぜ思考実験で「頭がよくなる」のか

突然ですが、みなさんに質問です。

「もしコンピューターが大統領に選出されたら、私たちはより幸福になるでしょうか？」

そんなこと考えたこともない？　そう、それが「思考実験」なのです。

最近、「**思考実験**」という言葉をよく耳にするようになったと思いませんか？

思考実験とは、簡単に言えば〝**頭の中で実験する**〟ことを言います。科学の実験のように、実験室で器具を使って行うのではなく、頭の中だけで実験するのです。

では、いったい何を実験するのか？

ある架空の設定について、理屈を考えて、結果がどうなるかを検証してみるのです。

あなたが電車の運転手で、もしも電車のブレーキがきかなくなったらどうするかとか、本当はあなたは、身体をもたない水槽の中の脳だったとしたらどうするかとか、一見あり得ない設定を想定し、それについて考えるのです。

どうしてそんなあり得ないことを考えるのかというと、これには2つの目的があります。

1つの目的は、本当に起きたときの予行演習です。つまり、何事もあり得ないとは限らないということです。

電車の運転手をすることはなくても、車の運転をすることはあるでしょう。そんなとき、ブレーキが壊れてしまって、まさに思考実験のような状況に陥ることはあり得るのです。

あるいは、科学の進歩のおかげで、たとえ身体がだめになっても、脳さえ大丈夫なら水槽の中の脳として生きていく日が訪れるかもしれません。そしてコンピューターのコントロールのもと、バーチャルな世界で幸せな生活を送る。

そんな選択の日が突然訪れても大丈夫なように、思考実験としてあらかじめ、じっくりと考えておくことには意味があるのです。

ブレーキがきかなくなったときには、もう考えている暇はありません。水槽の中の脳としての人生を選ぶかどうかも、あらかじめ決めておかないと、そのとき自分で選べる余裕があるかどうかわかりません。その意味で、あらゆる思考実験が、本番のための予行演習になっているわけです。だから実験なのです。

実際、ＡＩ（人工知能）による車の自動運転が現実のものとなった今、車のブレーキがきかなくなった場合の思考実験は真剣に議論されていますし、メタバース内でアバターとして生きることも夢ではなくなったことから、水槽の中の脳は急速に現実味を帯びています。

このように**思考実験は、来るべき未来を社会がシミュレーションするためのツール**でもあるのです。とりわけ何が起こってもおかしくない不確実な時代だからこそ、今そんな思考実験が求められているといえます。

もう1つの目的は、頭を鍛えることです。

思考実験は頭の中だけで行うので、いくらでも設定や条件を変えることができます。

いくらでも複雑にできるのです。そのパズルのような問いを考えることで、頭が鋭くなるわけです。

私は哲学の専門家ですが、哲学の練習としても思考実験が役に立つと考えています。哲学では、徹底的に考え抜くことが求められるのですが、その練習として思考実験は最適です。

哲学だけではありません。仕事や勉強のために頭を鍛えて鋭くしたい人にとっても、思考実験は最良のトレーニングとなるでしょう。

本書では、42の思考実験をテーマごとに7グループに分けて、コンパクトに紹介しています。また、ジレンマ、哲学、ビジネス、科学、数学、パラドックス、SFと、できるだけさまざまな分野の思考実験に触れられるように工夫しました。

したがって、**1日6つずつ読むだけで、わずか7日間で基本的な思考実験の内容がインプットされる**と思います。

そして自分でも考えながら読むことができれば、**7日間で頭がよくなります。**きっと考えることの楽しさに気づくはず。その感覚があなたの頭をより鋭くさせます。

もちろん、忙しくてじっくり考えている時間がないという人は、本書を読んでいただくだけでもかまいません。それでも、十分効果はあると思います。とにかく読まなければ、こうした思考実験の考え方さえ知ることができないわけですから、読んだ者勝ちです。

ダイエットと同じで、「明日から」と思うとなかなか始められません。この本が気になって手に取ってくださったみなさん、さあ、今すぐ思考実験の扉を開きましょう！

小川仁志

スタート
ボケ〜
DAY1
ジレンマ
DAY2
哲学
DAY3
ビジネス
DAY4
科学
DAY5
数学
DAY6
パラドックス
DAY7
SF
ゴール

・CONTENTS・

DAY 1

「ジレンマ」の思考実験
――私たちはどちらを選択するべきか

DAY 2

「哲学」の思考実験

――物事の本質はどこにあるのか

DAY 3

「ビジネス」の思考実験

――社会の営みをあらゆる方向から見直す

DAY 4

「科学」の思考実験

――未知の領域について考える

DAY 5

「数学」の思考実験

――数字の正しさと落とし穴

DAY 6

「パラドックス」の思考実験

――納得しがたい結論が生まれる理由

DAY 7

「SF」の思考実験

——架空世界と戯れ現実を顧みる

本文DTP　株式会社Sun Fuerza
本文イラスト　髙柳浩太郎

DAY 1

「ジレンマ」の思考実験

――私たちはどちらを選択するべきか

ジレンマとは、相反する2つの価値の間で板挟みになること。
どちらをとるべきか、古来人間は悩んできたようです。
講義1日目は、思考実験の定番とも言える
ジレンマの思考実験に取り組んでみましょう。

1

1人を犠牲にして5人を救うのは正しいのか？

◆トロッコ問題

あなたは路面電車の運転手だとしよう。
すると突然、前方に5人の作業員の姿が！
慌ててブレーキを踏むが、なぜかきかない。
しかし、よく見ると、右手に待避線があり、
ハンドルをきればそちらに回避することができる。
ただし、そこには1人の通行人が……。
そのまままっすぐ行けば5人の命を奪うことになる。
かといって、ハンドルをきれば、自らの手で1人の命を奪うことになる。
さあ、あなたならどうするだろうか？

ハンドルをきることと、人を突き落とすことの違いは？

これは、**「トロッコ問題」と呼ばれる有名な思考実験**です。１９６７年にイギリスの哲学者フィリッパ・フットが提起し、日本では「白熱教室」で有名なハーバード大学のマイケル・サンデル教授のおかげで広く知られるようになりました。

さて、あなたならどうしますか？

まず右に**ハンドルをきって５人の命を救う**という人は？

おそらく大多数の人はこの選択をするでしょう。なぜか？　普通はより多くの人が助かったほうがいいと思うからです。

では、**まっすぐ行って５人を轢《ひ》く**という人は？

こういう人は少ないのですが、それでも何人かはいます。理由を尋ねると、自分の手でわざわざ１人の命を奪いたくないと言うのです。

この問題は、「あなたが路面電車の運転手なら」という設定ですが、「線路のポイントを切り替える係なら」という設定の場合もあります。この設定でも同じような答えが出てくることでしょう。

では、もしあなたが、ハンドルをきったりポイントを切り替えたりする場所にいるのではなく、**橋の上からたまたま暴走する路面電車を見つけた場合**はどうでしょう？

暴走する電車が5人の作業員めがけて突っ込んでいく。ところが、たまたま橋の上にいるあなたの横には、太った男が立っている。この男を突き落とせば、電車を止めることができ、5人の命は救われる。ただし、太った男は死んでしまいます。

こんなふうに問うと、**さっきは1人を犠牲にしてでも5人を救うと言っていた人たちが、**途端に意見を変えます。この場合は、**5人死んでも仕方ないと言う**のです。なぜなら、わざわざ太った男を突き落としたくないから。

いや、ちょっと待ってください！

5人を救うためにハンドルをきることはできるのに、太った男は突き落とせない？

いったいどこが違うのでしょうか？　直接手を触れること？　それなら橋の上に欄干《らんかん》があって、たまたまそれがハンドルで開くようになっていたらどうでしょうか。あなたがハンドルを回せば、太った男が落下する。

もしそれでも抵抗があるとしたら、いったいその違いはどこからくるのか？

ここできちんと自分の判断の根拠を認識していれば、混乱に陥ることはないはずです。

「数が多い」ほど正しいのか？

正しさを決める判断根拠には、いくつかの立場があります。

より大きな数、より大きな善が得られるほうを正しいと判断する立場は「功利主義」と呼ばれます。

これは、18〜19世紀にイギリスの思想家ジェレミー・ベンサムによって唱えられたもので、「最大多数の最大幸福」のスローガンが示すとおり、数が多いほど正しいと考える思想です。おそらく私たちの常識的なものの見方とも合致しているでしょう。

この立場によると、5人の命を救うために1人の命を犠牲にするのは正しいということになります。そして数こそが大事なので、太った男を突き落とすことも正当化されるわけです。

これに対して、**人間は手段ではなく、目的であるべきだとする立場**があります。18世紀のドイツの哲学者イマヌエル・カントの「義務論」またはカント倫理学に代表される立場です。この立場に基づくと、たとえ多くの人の命を救うためであっても、そのための手段として人を殺すのは、正しいとは言えなくなります。ですから、電車が進むままに任せるよりほかありません。

もっとも、橋から突き落とすというのは、さすがにひどいんじゃないかと引っかかる人もいるでしょう。これがただ突き落とすだけならまだしも、わざわざ銃で撃つなどという場合はなおさらです。

そこを区別しようとするのが、中世の哲学者トマス・アクィナスが13世紀に提唱した「二重結果論」です。

道徳的によい行為がたまたま悪い副作用を生むのは仕方ないけれども、よい結果を引き起こそうとしてわざわざ悪い行為をするべきではないという理論です。

これに基づくと、5人か1人かどちらかが轢かれるという状況でハンドルをきるのはギリギリ正しいかもしれないけれど、わざわざ橋の上の男を突き落とすのは正しくないということになる可能性があります。

「誰が犠牲になるか」で正しさは変わるのか？

では、犠牲になる1人、あるいは逆に助かった5人のうちの**誰かが自分にとって身近な人だったら**どうでしょう？　あるいは、中に子どもと高齢者が含まれていたらどっちを優先しますか？　ノーベル賞の科学者と犯罪者だったら？

この場合、自己の利益より他人の利益を優先する極端な「利他主義」に立てば、誰であっても区別はしないということになると思います。

人数が大事だという人は、数だけを見ます。オーストラリア出身の哲学者ピーター・シンガーが主張した、人助けをする場合、最大の効果を上げるやり方が正しいとする「効果的な利他主義」は、まさにそのような立場です。また、できるだけ**人間を犠牲にしてはいけない**という人も、それを貫くでしょう。

でも、いくら1人より5人が大事だという人でも、その**犠牲になる1人が自分の家**

族だったら考えを変えるのが普通ではないでしょうか。それを理屈づけるのが、19世紀ドイツの哲学者フリードリヒ・ニーチェの立場です。

彼は「善」対「悪」ではなく、むしろ「健全」対「病的」という物差しを持ち出します。**右の頰を打たれたときに、左の頰を差し出すのは健全ではない**というわけです。

さて、あらためてあなたはこの問題にどう答えますか？

日ごろからこのような思考実験をしておけば、いざというときに迷うことなく正しい判断を下せます。

それだけではありません。「はじめに」でも触れたように、最近はＡＩによる自動運転をどう設計するかという議論の中で、このパターンの思考実験が現実的な問題として注目を浴びています。トロッコ問題は決して非現実的な設定ではないのです。

思考のポイント

正しさを判断するための根拠をしっかりと吟味しておくことで、瞬時に一貫した判断が下せるようになる。

2

人を食べてまで生き延びるべきか？

◆カニバリズム

あなたを含む3名が舟で遭難したとする。
いつ助けが来るかはわからない。
食べ物も底を尽き、体力的にも限界が近づいている。
そんなとき、船員のうちの1人Aさんが死にかかっているとしたら……。
あなたはその人を食べてまで生き延びたいだろうか？

人を食べてはいけないのは「当たり前」？

この思考実験は、実際にあった事件を元につくられたものです。その事件とは、19世紀のイギリスで起こった、人肉食のための殺人事件で、その裁判とあわせ「ミニョネット号事件」と呼ばれています。

じつはこれと似たような事件はいくつも起こっており、その意味では、もはや思考実験とは言えないのかもしれません。

とはいえ、少なくとも読者のみなさんにとっては、頭の中での設定になるでしょうから、思考実験として考えていただけたらと思います。

さて、最初に思い浮かぶのは、前項で取り上げた「トロッコ問題」との類似性ではないでしょうか。

1人を犠牲にすることで、多数を救うという意味ではまったく同じです。つまり、**人数をとるか個人の尊厳をとるか、という対立**になります。

ベンサムの功利主義対カントの義務論です。

功利主義に立つ人は、できるだけ多くの人が助かったほうが正しいと考えるので、**Aさんに犠牲になってもらう**という選択をすることでしょう。

これに対して、カントの義務論に立てば、人数は問題じゃない、人間を手段にしてはいけない、ということになるでしょう。この場合、**3人とも野垂《のた》れ死にしてしまう**ことになります。

そもそもなぜ人を殺してはいけないのか？

人はみな生き延びたいという本能をもっているはずです。にもかかわらず野垂れ死にを選ぶというのは、なんとなく納得がいきません。ましてやAさんはもう死にかかっているのです。

さて、この点からカントに異議を唱えるのは、やはりニーチェです。ニーチェは、**生きたいと思うのにその思いに従わないのは、むしろ不道徳**だと考えます。

ニーチェは、「かくあるべきだ」という道徳を偽善ととらえる人です。本当は生きたいのに、道徳的でないという理由でそれを我慢するのは道徳に負けている、というのです。

しかし、だからといって人を殺していいという理由にはなりません。すると、こんな疑問を投げかける人もいるでしょう。

そもそもなぜ人を殺してはいけないのか？

人を殺すも殺さないも個人の自由じゃないか、というわけです。ところが、個人の自由がすべて認められたら共同体は成り立ちません。

古代ギリシアの哲学者アリストテレス以来、共同体では仲間を大事にすべきだという「共同体主義」が主張されています。私たちが共同体に生きる存在である以上、またそれを前提とする以上は、自分の自由を優先して人を殺してしまっては、共同体そのものが成り立たなくなるのです。

だから、勝手に人の命を奪ってはいけないのです。

同意があったら人を殺してもいいのか？

それなら、同意があったらどうでしょう？

つまり、**本人が殺してほしいと願っている場合**です。**安楽死と同じだから、許されるのではと思う人もいる**でしょう。もっとも、本人がいくらいいと言っても、承諾殺人は犯罪になります。また、自殺も倫理的にはよくないとされています。

なぜ承諾殺人はダメで、安楽死は許されるのか。私はこんなふうに整理してみました。

つまり、安楽死は共同体と個人の合意に基づく生命の終了だから許されるというものです。苦しみながら死を待つだけなのは、あまりにもかわいそうだということで、共同体が厳格な要件のもとに死を認めているわけです。

したがってこの場合も、今現在苦痛がなく、死も迫っていないのにした同意ならば認められないでしょう。たとえ同意があったとしても、**苦痛の程度と死が迫っている**

程度によって結論が変わってくるのだと思います。

すでに死んでいたら食べていいの？

ここでもう1つの問題が生じてきます。仮に同意が有効だとしても、このケースで問題になっているのは食人、いわゆる「カニバリズム」です。これが許されるかどうかは別の問題です。

すでに死んでしまった人を食べるかどうかという場合にも、この問題が立ちはだかります。人の死をどうとらえるかで変わってくるのです。

そこでもし、**死んだら人間ではなくなる**とすればどうでしょう？

ピーター・シンガーは、この点について「有感性」（苦しんだり喜んだりできる能力）という概念を基準にします。つまり、苦痛を感じるかどうかです。この概念に従うと、死んだら苦痛を感じることはないので、問題ないということになるでしょう。

ところが、人間は死後もご遺体として敬意を払われるという点に着目するなら、苦痛を感じるかどうかの問題ではないということになります。

先ほどの共同体主義からすると、死後もたいていは共同体の一員として扱われるため、食べる対象にはできないでしょう。共同体の仲間は互いに助け合ってきた者同士だから、敬意を払う必要があるというわけです。

脳死後の「臓器移植」とどう違う？

しかし、互いに助け合うためであれば、脳死後の臓器移植とどう違うのかという疑問がもたげてきます。**亡くなった人を食べて生き延びることは、亡くなった人の身体の一部を体内に入れて生き延びるのと同じことだ**という発想です。

フランスの思想家ジャック・アタリは、かつて臓器移植について「治療的カニバリズム」だと訴えました。臓器移植もカニバリズムの一種だというのです。

カニバリズムと臓器移植の違いは、食べ物として口から入れるかどうかです。

食べるという行為が、人間の尊厳を損なうのかもしれません。ただし、逆に食べることが、共同体の仲間への敬意を意味するという考え方もあり得ます。

文化人類学者のジェームズ・フレイザーが、19世紀終わりに著書『金枝篇《きんしへん》』の中で定義した「類感呪術《るいかんじゅじゅつ》」がそれです。人類学における呪術の性質を表す言葉で、類感魔術とも呼ばれます。類似したもの同士は互いに影響し合うという類感呪術の発想のもとでは、**死者を食べてその人に近づくのだという考えもあるわけです。**

この思考実験もまた、明日は我が身です。それは人を食べるかどうかといった、究極の場面だけでなく、死者をどう扱うかという問題にも関係してくるからです。

最近は経済的な理由から安易に葬儀を簡素化する風潮がありますが、こうした問題も、人の死の意味にまでさかのぼってよく考える必要があるように思えてなりません。

思考のポイント

日ごろ、なんとなく当たり前だと思っていることに疑問を投げかけることで、現実社会の問題点に気づくことができる。

3

信じて協力すべきか？　裏切るべきか？

◆囚人のジレンマ

共犯者である囚人Aと囚人Bが、
互いに別々の部屋で取り調べを受けている。
そこで、取調官から司法取引を持ちかけられる。

本来であれば2人とも懲役5年のところ、
もし2人とも黙秘したら、証拠不十分で減刑され懲役2年になるという。

もし片方だけが自白したら、自白したほうは懲役1年になり、
自白しなかったほうは懲役8年になる。

もし2人とも自白したら、判決通り懲役5年になるという。

さて、2人は互いに協力して黙秘すべきか、
それとも協力せずに自白すべきか。

ただし、2人は相談できないものとする。

		囚人B	
		黙秘 （協力する）	自白 （協力しない）
囚人A	黙秘 （協力する）	懲役年数 2 2	懲役年数 8 1
	自白 （協力しない）	懲役年数 1 8	懲役年数 5 5

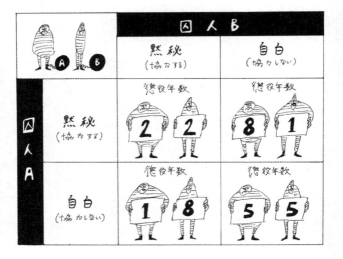

どっちが「得」か？　どっちが「マシ」か？

これは「囚人のジレンマ」という有名なゲーム理論です。

お互いに協力したほうが、協力しないよりもよい結果を得られるとわかっていながら、自分の利益を重視するばかりに協力しなくなるというジレンマのことです。

つまり、自分が得するように合理的な選択をしているにもかかわらず、望ましい結果が得られないという点でジレンマなわけです。

設問の例を使って、具体的に考えてみましょう。右ページにある利得表を見てください。

この表から明らかなとおり、囚人A、Bのいずれにとっても、互いに協力せずに5年の刑を受けるよりは、互いに協力し合って2年の刑を受けるほうが得なのは明らかです。にもかかわらず、囚人たちが自分の利益のみを追求している限り、互いに協力しないという結果を招いてしまうのです。

いったいどういう心理が働くのでしょうか？

まずあなたがAだとします。そうすると、おそらく次のように考えるのではないでしょうか。

Bが協力して黙秘を選んだ場合、自分が協力すれば懲役2年になるけれど、協力せずに自白すれば1年で済む。ということは、協力しないほうが得だ。

逆に、Bが協力せずに自白を選んだ場合、自分だけ協力して黙秘したら8年の懲役を食らってしまう。だからこの場合も、協力せずに自白したほうが懲役5年で済むのでマシだ。

というわけで、結局あなたはBがどういう選択をするにしても、**協力せずに自白したほうが得だと判断する**ことになります。これは合理的な選択だと言えるでしょう。

ところが、Bもまた同じように考えて同じ選択をするはずなので、結果として2人とも協力せずに自白するということになってしまいます。それで、**どちらも懲役5年の刑に甘んじることになる**のです。

合理的な選択が望ましくない結果を生むジレンマです。

こうした事例はじつは社会の至るところで見られます。商取引でも共有財産の使用でも、**協力さえすれば互いの得になるにもかかわらず、人は自分の利益を最優先することから、結果として不利益を被ってしまう**のです。その意味では、利害関係が生じるときは、つねに囚人のジレンマを思い浮かべて判断するといいと言えるでしょう。

ところで、以上の話は1回きりのゲームのようなケースを想定していますが、長期的な関係になると事情は変わってきます。

人は失敗を繰り返しながら、協力したほうが得なことに、だんだんと気づくようになるからです。それに長期的関係になると、お互いのコミュニケーションも深まってくるので、本音で話したりできるようになります。ビジネスでも宴会が重要と言われるのはそうした理由からです。公式な交渉の場とは違って、本音で話せますから。

思考のポイント

合理的選択が必ずしも望ましい結果を生まないことを知ることで、より賢明な判断を下せるようになる。

4

友人を助けるためなら嘘をついてもいいか？

✦カントの嘘

あなたは、殺人鬼に追われる友人を自宅にかくまっているとする。
そこに運悪く殺人鬼がやって来て、あなたに尋ねる。
「この家に友人はいるか？」と。
もし嘘をつくのはよくないとすると、あなたはなんと答えるだろうか？

もしも、いかなるときも嘘をつけないとしたら？

ドイツの哲学者イマヌエル・カントは、とても厳格な人物として知られています。彼は、正しいことは無条件に行わなければいけないと言います。いわゆる「定言命法」と呼ばれるものです。これに従うなら、いかなる場合も嘘はつけません。**嘘をつかないということが正しいことであり、正しいことは無条件に行わないといけないか**らです。

ところが、スイス出身のフランスの思想家バンジャマン・コンスタンは、それでは不都合が生じるといいます。つまり右の設問のような場合です。ここでカントの定言命法に従うと、いかなる場合にも嘘をつくわけにはいかないので「家の中にいる」と答えることになります、すると当然友人は殺されてしまいます。

ハーバード大学のマイケル・サンデル教授は、講義の中でこの問題も取り上げています。どうすればいいか答えに窮《きゅう》する学生に対して、サンデルは「救ってあげようか？　君とカントを」と自信たっぷりに言ってのけます。

そして、嘘をつかずに、その場を切り抜ける方法を披露するのです。

彼の答えはこうです。仮にその友人が公園から来たとすれば、「さっき公園にいたよ」と答えればいいというものです。たしかにこれは嘘ではありません。おそらくこの返事を聞いた殺人鬼は公園に向かうことでしょう。**誤解を招くような真実を伝えることで、嘘をつかずに済む**というのです。

さて、このケースでは3つの返事が考えられるわけです。1つ目は真実を言う。2つ目は誤解を招くような真実を言う。3つ目は嘘をつく。

真実を言うと友人は殺されるし、嘘もついちゃいけないというのなら、誤解を招くような真実しかないというのがサンデルの見解です。

「誤解を招くような真実」は「嘘」ではないのか？

ところが、誤解を招くような真実は、本当に嘘ではないのかどうかが問題です。

「優しい嘘」という表現をご存じでしょうか？　人を傷つけないようにつく嘘のこと

です。たとえば、似合ってもないのに「似合ってるよ」と言うような場合です。これは明らかに嘘ですが、「斬新《ざんしん》だね」などと答えた場合は、誤解を招く真実だとも言えます。つまり、**誤解を招く真実は、実質的には嘘**なのです。嘘をつけないから、ごまかしているだけです。

そう考えると、サンデルが本当にカントを救ったかどうかはまだ検討の余地があります。いっそ「あなたはどう思う?」と聞き返すとか、「さて、どうかな」とあいまいにするという手もありますが、相手が納得してくれるかどうかは別の話。「嘘をつかない」というのがいかに難しいか、また「嘘をつかない」ことが必ずしもいいことなのか、すごく考えさせられますよね。

思考のポイント

相矛盾する2つの立場とは異なる第三の立場を模索することで、ジレンマを回避できるかもしれない。

5

人間を善にする薬、あなたは賛成？

◆道徳ピル

脳科学の知見によると、脳機能と犯罪の相関性は、ある程度明らかになりつつある。

そこで、もし道徳ピルという人間を善にする薬が開発されれば、犯罪を犯す危険がある人に対して、その薬をあらかじめ処方することは許されるだろうか？

人間を薬でコントロールすることは許されるのか

かつて、ニューヨーク・タイムズ紙に「ザ・ストーン」というコーナーがありました。哲学者たちが現代的な問題をテーマにコラムを寄せるもので、毎回刺激的な議論が展開されていました。

この思考実験は、オーストラリア出身の哲学者ピーター・シンガーによる**「私たちは道徳ピルを受け入れる用意があるか？」**というコラムで紹介されたものです。

私はちょうどこのときアメリカのプリンストン大学に滞在しており、同じくそこで教鞭《きょうべん》をとっていたシンガーと、直接この記事の話をしたことがあります。「記事を見ましたよ」と言うと、すかさず「君はどう思う？」と聞かれたのを覚えています。

私は道徳ピルには否定的だったので、そのような薬を処方するのは、誰かが人間をコントロールすることになるから危険だと答えました。ところが、シンガーは功利主義の哲学者なので、基本的に幸福の量が多いほど正しいと考えます。だから犯罪者が増えるほうが危険じゃないかと言うのです。

たしかに、犯罪は少ないほうがいいに決まっています。しかし、そのせいで失うものがあまりに大きいように思うのです。つまり、人間の自由です。

道徳ピルで犯罪は少なくなるかもしれない、だがその代わり人間は自由を失ってしまうのではないか、というのが私の考えです。

もう少しリアルに考えてみましょう。

実際にこのピルが開発されれば、処方を決定するのは国家権力になります。周知のように、政治闘争の中で勝利を収めただけの国家権力は、決して中立ではありません。また、神様でもないので、間違いも犯します。そういう人たちが人間の精神をコントロールするのは問題があるのではないかと思うのです。

うがった見方をすると、自分たちにとって都合の悪い人間を、危険思想として排除する可能性だって否めません。だから自由を失う危険性があるというわけです。

物事は単純に量では比較できないものです。

とくに、何らかの施策が人間の自由を制約することになるケースでは、慎重になる必要があります。いくら効果があるとしても、です。

たとえば、道徳ピルの場合、これが処方されると犯罪予防になるだけでなく、善人が増えるので世の中はグンとよくなるでしょう。そもそも道徳教育をはじめ、多くの教育が不要になります。そのコストが省けるわけです。

だから**効果に着目すると、つい誘惑にかられますが、そこが危ない**のです。人間というのは、罪も犯すし、教育のコストもかかるやっかいな存在です。でも、そのぶんすごく面白いことや、すごくいいことをする可能性も秘めています。それを可能にするのが自由ですから、個人的には、自由を奪うのは人間の可能性を奪うことに等しいように思えてなりません。

思考のポイント

安易な問題解決法の功罪について考えることで、それによって逆に失われるものに気づくことができる。

6

自由は存在するか？

✦決定論

人間に自由は存在するのだろうか？
もしかしたら、すべてはあらかじめ決められているのではないだろうか？

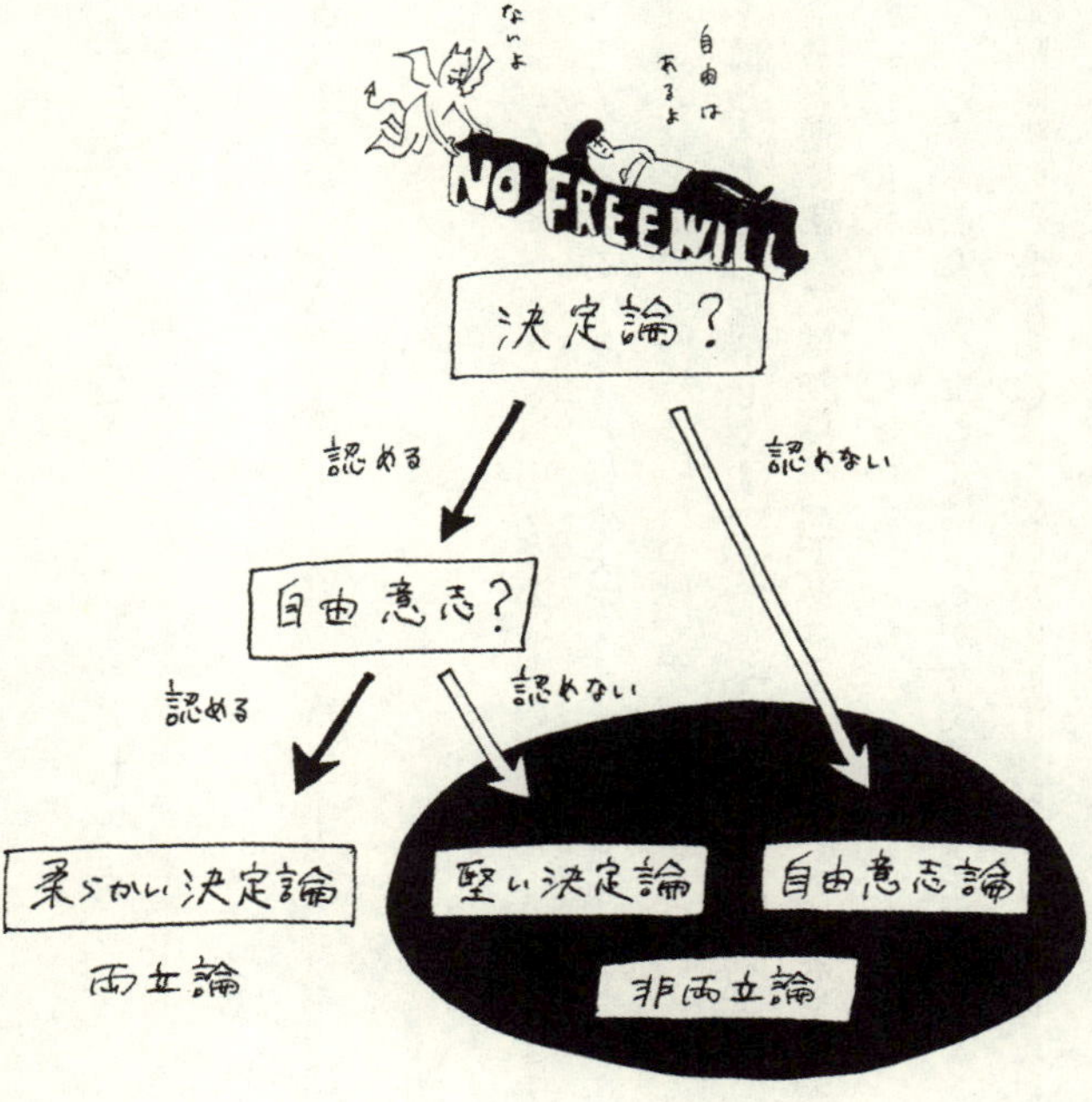
ないよ
自由はあるよ
NO FREE WILL
決定論？
認める
認めない
自由意志？
認める
認めない
柔らかい決定論
両立論
堅い決定論
自由意志論
非両立論

すべてはあらかじめ決定されているとしたら？

みなさんは、人間に自由はあると思いますか？　それともないと思いますか？　そうやって尋ねると、多くの人は自由はあると答えます。でも本当にそうなのでしょうか？

哲学の世界には、そもそも人間に自由などないという考え方があります。「**決定論**」と呼ばれるものです。**すべてはあらかじめ決定されているとする立場**です。つまり、神や宇宙の摂理《せつり》がそれを決めているというわけです。

これは、神を信じる人なら理解しやすいと思います。もしくは神を信じなくても、科学の信奉者なら、逆に**すべては物理現象であって、私たちの意志や行動でさえその一環であると**理解する人もいるかもしれませんね。

具体的にはこういうことです。たとえば、私が今突然右手を挙げるとします。ところがそれは、地球誕生のときから決まっていたのです。私が知らないだけで。

「そんなはずはない」と否定する人もいるでしょう。しかし、それをどうやって証明できるというのでしょうか。

とはいえ、決定論の立場で考えたとしても、自由はまったくあり得ないとも言えません。**「自由意志」**の存在について考えることは可能だからです。

たとえば、今突然右手を挙げることは決まっていたとしても、今私が自分で決めて手を挙げたというのもまた事実だからです。その、**自分が今決めて行動したということを自由と呼ぶのなら、私にはちゃんと自由がある**わけです。つまり、自由意志は存在するのです。

こうした立場は「両立論」と呼ばれています。決定論と自由意志が両立するからです。あるいは、「柔らかい決定論」などとも呼ばれています。

これに対して、「非両立論」という立場もあります。非両立論の場合、決定論を認め、自由意志については存在さえ認めないということになります。これは「堅い決定論」などとも呼ばれます。

非両立論とは、決定論と自由意志が両立しないということですから、理屈のうえでは、決定論を認めない「自由意志論」という立場も含まれます。

つまり、自由はあらかじめ決定されず、自由意志も肯定するという立場です。

ややこしいですが、非両立論には、まったく真逆と思われる2つの立場が含まれるわけです。


こうした議論が問題になってくるのは、**どの立場をとるかによって、道徳的責任のあり方が変わってくるから**です。

すべてが決定されていて、個人に自由がないとすれば、何をやってもその人に道徳的責任を負わせることはできないということになります。ただし、それでは現実の社会では不都合が生じます。そこで刑法などでは、自由意志論や柔らかい決定論など、自由意志を肯定する立場をとっているのです。

思考のポイント

要素を分けたり、場合分けや組み合わせを考えることで、困難な問題にも妥当な結論を導き出すことができる。

DAY 2

「哲学」の思考実験

——物事の本質はどこにあるのか

哲学とは、物事の本質を探究すること。
思考実験によって試行錯誤した先に本質が見えてきます。
講義2日目は、思考実験の王道とも言える
哲学の思考実験に取り組んでみましょう。

7

瓜二つの男は本人になり得るか

✦スワンプマン

ある男が沼地の近くを歩いていると、運悪く頭上にいきなり雷が落ちて、男の身体は粉々になって消滅し、死んでしまう。ところが、同時に沼地からまったく別の成分によってできた人間が誕生する。彼をスワンプマン（沼男）と呼ぼう。

スワンプマンは、なんと雷に打たれた男と瓜二つ、中身まで原子レベルでまったく同じなのだ。

そして死んだ男に成り代わって生活を続ける。

周囲の誰もこの入れ替わりに気づいていない。

はたしてスワンプマンは、死んだ男と同一人物なのだろうか？

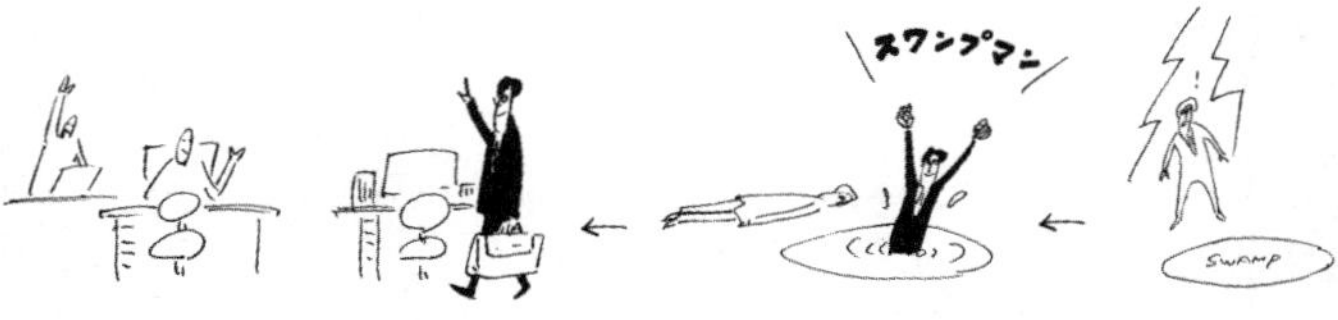

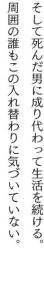

見た目も中身も記憶も同じなら同一人物と言っていい？

これはアメリカの哲学者ドナルド・デイヴィッドソンが、「自分自身の心を知ること」という論文の中で紹介した問いです。もともとは人間の同一性のために設定されたものではないのですが、思考実験の世界ではそのような文脈で使われています。

さて、死んだ男とスワンプマンは同一人物だと言えるでしょうか。話を整理してみましょう。

男は粉々になって死んでいます。ところが、別の成分からスワンプマンが同時に誕生しているのです。沼地というのは不思議な場所で、どんな成分が溶け込んでいるかわかりませんから、もしかしたらそんな奇跡も起こるかもしれません。いずれにしても、**物理的には2人は同一人物ではない**と言えます。

ただ問題は、スワンプマンは元の男のすべてを受け継いでいるのです。外見も中身もすべて。当然意識はありますし、記憶もあります。そうなると、同一人物だと言ってもなんら支障はないように思えます。

スワンプマンが何食わぬ顔をして、「去年のスキー旅行は楽しかったね」と友人に言えば、その友人はスワンプマンが本当にそう感じているのだと信じるでしょう。誰もそれを疑うことなんてできません。


これに対してデイヴィッドソンは、**スワンプマンの言葉は文脈の中で発されたものではない**と言います。つまり、死んだ男がもし生きていて、「去年のスキー旅行は楽しかったね」と言った場合、その男は本当にスキー旅行を経験し、その経験に基づいて言葉を発しているわけです。

ところが、スワンプマンのほうはそうではありません。スキー旅行になど行っていないのです。何しろつい最近、沼地で誕生したのですから。この実際の経験、つまり**言葉を発する前の歴史がまったく異なっている**のです。これが本人である死んだ男と、その入れ替わりで誕生したスワンプマンとの違いです。この違いがある限り、両者は同一人物だとは言えないことになります。

人間というのは、かけがえのない生を生きているのです。1人ひとりの人間に価値があるのは、そうした個々人の固有の文脈における人生があるからでしょう。採用面接でも、履歴書の提出を求められ、何をしてきたか尋ねられますよね。なぜなら、そこがその人の価値だからです。

たとえば、誰かの人生をあたかも自分が体験してきたかのように語ったところで、なんの意味もありません。すぐに化けの皮がはがれるでしょう。自分で経験したわけではないからです。**実際に経験するのと知っているだけというのは大違いです。**

傍から見て、**そこにまったく違いがないというのであれば、死んだ男とスワンプマンは同一人物としてとらえられるはずです。**

でも、なぜか私たちはその結論に違和感を覚えます。それはやはり、「実際の経験」と「知っていること」の間に決定的な違いがあるからでしょう。

少なくとも私たち人間の世界には、そういうコンセンサスがあるのだと思います。

思考のポイント

人間の同一性の意味を考えることで、人間の価値を発見することができる。

8

あなたの人生は本当に現実か？

✦水槽の中の脳

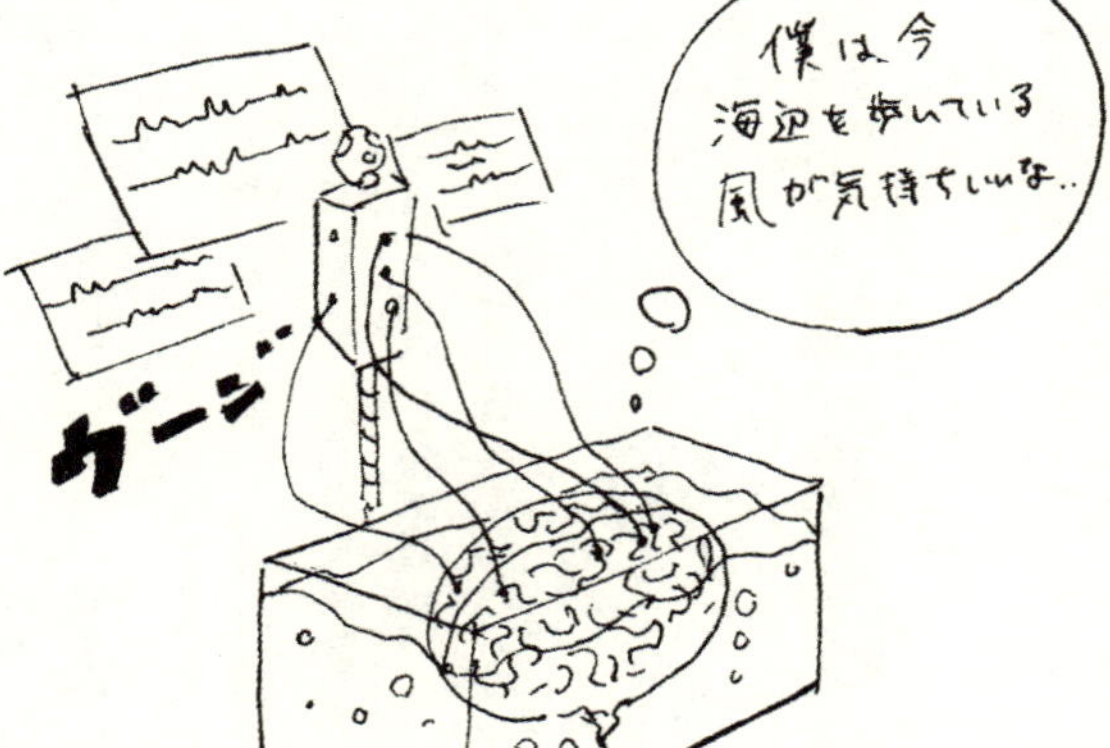

脳が水槽の中に浮かんでおり、
それがコンピューターにつながれている。
なんともグロテスクで奇妙な光景だが、
じつはあなたの本当の姿はこれと同じだと
言われたら、信じられるだろうか？

もしあなたがコンピューターに支配された水槽の中の脳だったら？

これは「水槽の中の脳」という有名な思考実験です。アメリカの哲学者ヒラリー・パトナムが『理性・真理・歴史』という本の中で紹介したものです。

マッドサイエンティストが、あなたに麻酔をかけて、脳だけ取り出して水槽に浮かべる。そして**コンピューターと接続することで、あなたが眠っていただけであるかのような環境をつくり出す**わけです。

コンピューターが信号を送ると、脳はあたかもこれまでと同じ環境で生活しているかのように錯覚してしまいます。あなたが見ているものも感じているものも、すべて幻想なのですが、自分にはそれがわかりません。**あなたの脳は完全にコンピューターに支配されている**のですから。

そんな馬鹿なことはあり得ないと思われるかもしれませんが、夢を見ている状態はまさに同じような状態と言えるのではないでしょうか。実際に経験していないのに、まるでその場で経験しているかのようなリアルな感覚を得ていますよね。そして自分ではそれが夢だとは思っていない。

この思考実験は、ある意味で古くから存在するものです。

「胡蝶《こちょう》の夢」をご存じでしょうか。現実と夢の区別がつかない状況、またはその区別をつけない境地の喩《たと》えとして用いられる寓話《ぐうわ》です。これは、古代中国の思想家荘子《そうし》によるものです。蝶になった夢を見たとき、普通は自分が蝶の夢を見ていると考えるわけですが、荘子はそうとも限らないというのです。逆に、**蝶が夢を見て自分になっている可能性だってあるじゃないか**と。

自分はてっきり現実世界を生きる人間だと思っていたら、そうではなくて蝶が人間になった夢を見ているだけかもしれないというのです。

水槽の中の脳でいうと、**自分は身体をもっていて、この世界で生活していると思っていたら、実際には脳がその夢を見ているだけだった**ということです。

しかも、自分が夢を見ているだけならまだいいですが、水槽の中の脳の場合、誰かが自分をコントロールしているわけです。これは恐ろしい話ですよね。しかも自分ではそれがわからないのですから。

この世界が「覚めない夢」だったならば？

ただ、**自分ではそれがわからないのだとしたら、何も困らない**とも言えます。もし**幸せな人生を送っているような感覚にさせてもらえるのなら、そのほうがかえっていい**のではないでしょうか。実際の生活は苦しいものですから。

そんなことを言うと、本人はいいかもしれないけれど、周囲で見ている人間はつらいと反論する人もいるでしょう。それはその通りです。

これに対してパトナムは、さらにたたみかけます。**もしも、じつはこの世界のすべての人が水槽の中の脳だったとしたらどうだろうか**というのです。つまり、覚めない夢だったとしたら。

誰も気づいていないけれども、コンピューターによって私たちはみな接続されていて、バーチャルな世界で生きているということです。人間がアバターとして活動するメタバースが益々進化し続ける今、これもまた完全に否定するのは難しいですよね。

その場合、いったい誰がこの世界をコントロールしているのでしょうか？　神か宇宙人のような超知性なのか。

そこまでいくとさすがにあり得ないようにも思えますが、理屈のうえでは、この現実社会も誰かによるプログラムだとみなすことは不可能ではないでしょう。

そう考えると、水槽の中の脳も現実であるかのように思えてきませんか？

そういえば最近字が見えづらいのは、老眼のせいじゃなくて水槽が濁ってきているからかも……。誰だか知らないけど、管理者の方、ちゃんと掃除してくださいよ！

思考のポイント

この現実の世界が現実ではないかもしれないと思うことで、世界を俯瞰《ふかん》的に見ることができる。

9

心がなくても人間か？

◆哲学的ゾンビ

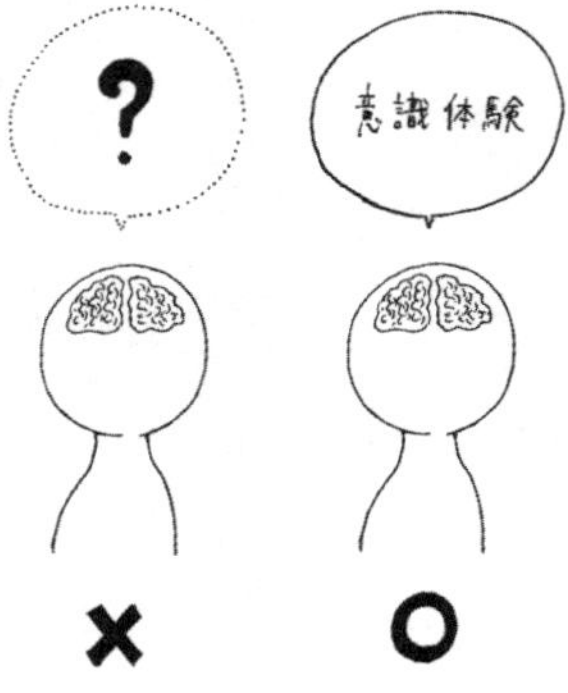

あなたの友人たちはみなゾンビかもしれない。

そんなことを考えたことはあるだろうか？

いや、おそらくないだろう。そして馬鹿げていると思うだろう。

でも、いったいどうやってそれを証明すればいいのだろうか。

なぜなら、ここでいうゾンビとは「哲学的ゾンビ」のことであって、外見も反応も何から何まで普通の人間とまったく同じなのだ。だから調べようがない。

さて、それでもまだ友人たちがゾンビじゃないと言えるだろうか？

そもそも「心がない」からといって問題があるか？

「哲学的ゾンビ」という突拍子もないアイデアは、心の哲学の第一人者でもあるオーストラリア出身の哲学者デイヴィッド・チャーマーズが、著書『意識する心』の中で紹介したものです。

この発想は当時センセーションを巻き起こしました。なぜなら、**彼ら哲学的ゾンビは見た目も行動もすべて人間とまったく同じ**だというのですから。

とすると、そういう人が周囲にいたとしても、誰も気づいていないことになります。それならもう人間じゃないかと言われるかもしれませんが、人間とは決定的に違うところが1つあります。それは、**哲学的ゾンビはクオリア（感覚質）を欠いている点**です。つまり主観的経験がない。わかりやすくいうと、意識がない、あるいは心がないということです。

心がなくても、ニコニコして「このパンおいしいね」と言うことはできます。でも、そのゾンビが本当にそう思っているかどうかはわかりません。ただ機械的に言っているだけかもしれません。すごく演技のうまい俳優さんがやるように。

そもそも心から思っているかどうかなんて調べようがないのです。人は他者の心の中をのぞくことができないのですから。私たちは、自分が見たまま、人の言うがままを信じるよりほかありません。

これは脳科学でも解明できていません。脳の作用としては、たしかにパンを食べて刺激を受け、その刺激が「おいしい」という言葉に変換されています。でも、本当においしいと感じているのかどうかはわからないということです。

だとすると、もう哲学的ゾンビだろうと人間だろうとどうでもいいようにも思えてきます。実際上の問題はないのですから。コミュニケーションだってとれるでしょう。これがチャーマーズの問題意識だと言えます。人間には心がある。でも、**心なんてなくても物理的な事実にはなんら影響はない**ということです。

もっと言うと、人間には心なんてなくてもいいということにもなってきます。みんながゾンビでも、この世はなんら問題ないわけです。これは大変な話です。

哲学の世界でも、近代のはじめにフランスの哲学者ルネ・デカルトが、「我思う、ゆえに我あり」といって、**人間の人間たるゆえんは意識がある点**だと宣言しました。私たちはずっとその議論を前提に哲学をしてきたのです。

それなのにじつは人間に心があるかどうかなんてどうでもいいだなんて、にわかには受け入れられませんよね。

はたして**この世に心というものがあるのか**どうか。あるとすれば**それはどうやって生まれるのか**。

チャーマーズは、物質および電気的・化学的反応の集合体である脳から、どのようにして主観的な意識体験というものが生まれるのかというこの問題を、「意識のハードプロブレム」と命名しました。難問という意味です。この謎の解明にはまだまだ時間がかかりそうです。

思考のポイント

常識を突拍子もない視点で疑うことで、これまで大前提とされてきたことを見直すきっかけになる。

10

本当にわかり合えているか？

◆箱の中のカブトムシ

2人の子どもがそれぞれ箱をもっている。

2人は箱の中にカブトムシが入っていると言う。

「僕、カブトムシもってるよ」

「へー僕ももってるよ」

「一緒だね」

などというコミュニケーションが成り立つ。

ところが、2人はそれぞれ違う生き物をカブトムシだと思い込んでいるだけなのだ。この場合、箱の中身はカブトムシということでいいのだろうか？

言葉によってわかり合うことほど難しいものはない？

これは「箱の中のカブトムシ」という有名な思考実験です。もともとは、オーストリア出身の哲学者ウィトゲンシュタインによって問題提起されたものです。

2人はともに自分の箱の中に入っているものを「カブトムシ」と呼んでいますが、実際にはそれはカブトムシではありません。

たとえば1人はカエルのことをカブトムシだと思っており、もう1人はヒヨコのことをカブトムシだと思っているとしましょう。

でも不思議なことに、このとき2人は意思疎通ができています。これはつまり、**言葉の定義をお互いにしっかりと確認しない状態でのコミュニケーションは無意味である**ことを示しているわけです。

それならしっかりと言葉を定義すればいいと思われるかもしれません。ただ、よく考えてみてください。**1つひとつの言葉は、厳密に詰めていけばいくほど、さらに厳密な定義が必要になってきます。**だから永久にそれが続くのです。

カブトムシには羽が2枚ついていると言っても、何を羽と言うとか、どこまでが羽なのかという問いが出てきますし、羽は薄くて飛ぶための器官だと言っても、薄いとはどういうことか問われる可能性があります。

こんなおかしなことは日常ではあり得ないと思われた方もいるかもしれません。たしかに、箱をもってきてカブトムシだと言い張ることはないでしょう。でも、人間のコミュニケーションはすべてこれと同じなのです。

物事を厳密に定義できない以上、私たちが日ごろ「暑いね」と言ったり「面白いね」と言ったとき、**相手がいくら同意したとしても、その程度は人によって異なる**わけです。私と誰か他の人がまったく同じ温度を感じているとは限りません。面白いという感覚にも度合いがあるので、他人がどれだけ面白いと思っているかはわからないのです。

よく「話せばわかる」と言いますが、この思考実験によるとそれは不可能だということが判明します。結局、話しても謎が深まるばかりということになるわけです。

言葉によってわかり合おうとしても、言葉を費やせば費やすほど疑問が出てくるというパラドックス。言葉というのは本当にやっかいな存在です。でも、私たちはその言葉を使ってコミュニケーションをするしかありません。だからできるだけよく確認し合うことだと思います。

ウィトゲンシュタインは、**「言語ゲーム」**という概念を唱えています。**言葉はその言葉を使う人の間で共有されたゲームのルールにのっとってのみ意味をもつという発想です。**そのゲームに参加していない人にとっては、まったく別の意味になるか、意味をもたないということです。「カブトムシ」という言葉が箱をもつ2人にしか意味をなさなかったように。

思考のポイント

言葉のやりとりをゲームとしてとらえることで、コミュニケーションに対する考え方が変わる。

11

世界が5分前に創造されたものだとしたら？

5分前世界創造仮説

もし、今の世界が5分前に創造されている
としたらどうだろう。
あなたはそれを信じるだろうか？
そしてあなたにどんな影響があるだろうか？

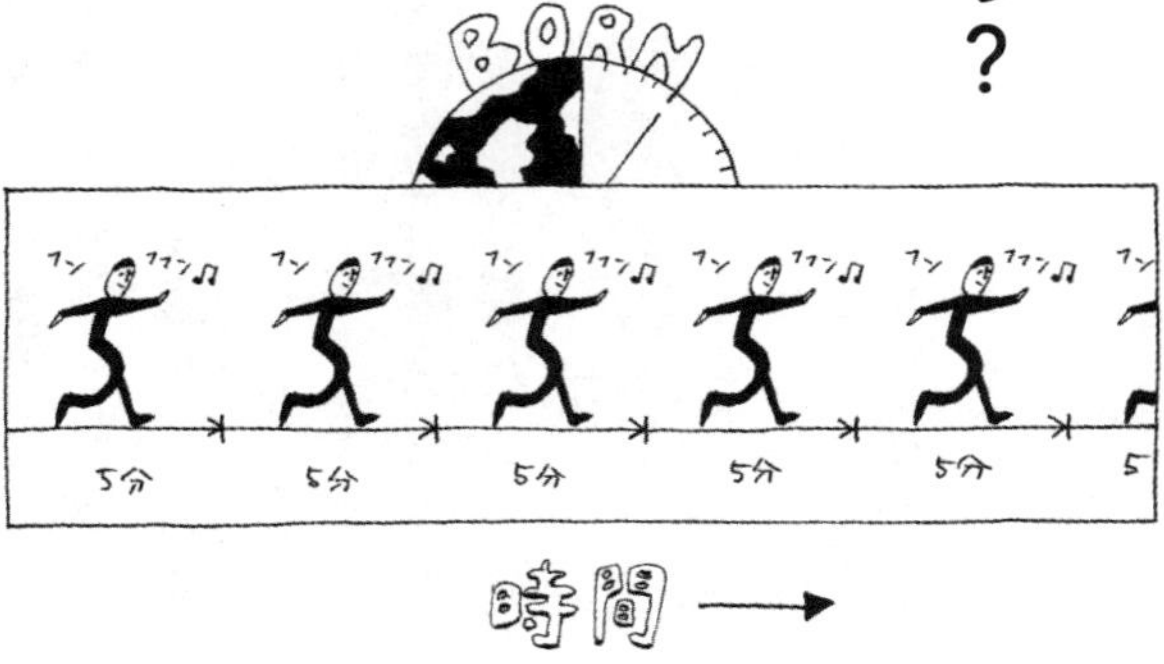

「創造されたのは5分前ではない」とは誰も言い切れない

かつてイギリスの哲学者バートランド・ラッセルは、**世界は5分前に創造されたものかもしれないという仮説**を提起しました。それが、「5分前世界創造仮説」です。**モノも記憶も人間もすべて、この世の一切合切がわずか5分前に創造されたとする説**です。

そんな馬鹿なと思われるかもしれませんが、反駁《はんばく》するのは困難でしょう。なぜなら、反駁するための材料もまた、すべて5分前に創造されたとするものばかりだからです。

つまり、「そんなはずはない。ここにたしかに1000年前のものと思われる古文書がある」などと言っても、それも5分前につくられたものだと言われればおしまいです。おじいさんやおばあさんだって、長年生きてきたかのようにつくられているのです。あたかも時代劇の映画のセットや俳優さんのように。

とはいえ、時代劇の映画のセットや登場人物の俳優さんの場合、偽物だとすぐにわかりますよね。それは私たちがそのセットの外にいるからです。ところが、**世界の場合、私たちはその外に出ることはできません。だからわからない**のです。わかるのは神様だけでしょう。もし神様がいればの話ですが……。

したがって、私たち人間がこの世界においてこの仮説に反駁しようと思ったら、純粋に論理的矛盾をつくよりほかありません。

たとえば、**人間がこの世界の外には出られないということは、人間にはこの仮説の真偽を確かめるすべがない**ことになります。ということは、そもそもこの仮説について語ることはできず、この仮説自体が成立しないということになるわけです。

いや、この前提は正しくないかもしれません。なぜなら、今私たちは勝手に、5分前世界創造仮説が正しいなら、すべてが5分前に創造された偽物だと決めてかかっているからです。でも、少なくとも5分以内に存在したものについては、本物という確かなもののはずです。この5分以内に存在したモノや記憶を手がかりにすれば、5分以内の世界から出られるかもしれません。

では、もし世界が5分前に創造されたものであるとして、はたして私たちに何か影響があるのでしょうか？

ある人はこう言うでしょう。世界がいつできたかなんて関係ないと。

たしかに、地球が何年前に誕生したかなんて、あまり大きな問題ではありません。現に正確な数字はわからないのですから。それでも私たちは何不自由なく日常生活を送っています。

世界が5分〝ごと〟に創造されているとしたら？

これに対して、**5分前に世界が創造されたのではなく、5分ごとに世界が創造されているとしたら、人生に対する気持ちが少し変わってくる**のではないでしょうか。つまり、人生が5分だということになるのですから。これは大きな問題です。

5分ごとに世界が創造されるといっても、5分経ったら死ぬということではありません。5分経ったら別の世界で別の人生を歩んでいるということです。本人はそれには気づかないのです。あたかも継続した人生を送っているかのように平然と暮らしていることでしょう。でも、本当はそれは5分前にできあがったという設定なのです。

私たちはそんな人生を繰り返している。
もしもそうだとしたら、そう思い込めたとしたら、少なくとも私はこの瞬間を懸命に生きると思います。何も恐れることなく、やりたいことを思いっきりやるに違いありません。

思考のポイント

この世界が過去から未来へと連続しているものではないととらえることで、あらためて人生の希少さを理解することができる。

12

新実在論

この世の中でたった1つ存在しないもの

なぜ世界は存在しないのか？

=《イコール》世界《セカイ》？

世界が存在するとしたらその存在を誰が認めるのか？

「なぜ世界は存在しないのか」

世界が存在しないなんて普通は考えられないでしょう。じゃあなぜ私たちは存在しているのか？　目の前にあるパソコンや本はいったいどこに存在しているというのか？　そんな疑問が次々と湧いてくるはずです。だからこそ、この問いは思考実験にもってこいだと思ったのです。

じつはこれ、世界でベストセラーとなった本のタイトルなのです。あまり哲学が注目されない日本でさえも話題になりました。著者は、哲学界のロックスターと称されるドイツの哲学者、マルクス・ガブリエルです。彼は、**「他のあらゆる物は存在するけれど、世界だけは存在しない」**と言いきります。いったいどういうことなのでしょうか。

それを説明するためには、まず彼の哲学の根底にある「新実在論」という新しい考え方を理解する必要があります。新実在論というのは、すべての物事は「意味の場」

という意味を生み出す器のようなものから生まれてくるとする考え方です。

そしてその意味の場というのは、それぞれの人の頭の中にあると言います。

たとえば、リンゴというのは、私たちが頭の中にある意味の場で生み出したものなのです。そうすると、ユニコーンのような架空の存在だと思われているものも、意味の場で生み出すことができますよね？　だからユニコーンはリンゴと同様、この世に存在するのです。

では世界はどうか？　日ごろ私たちが、「この世界には」なんて言うとき、この世にあるすべてを指していると思います。ところが、すべての物事は意味の場から生み出されるので、世界もまた意味の場から生み出されているはずです。いや、ちょっと待ってください！　**この世のすべてを意味するはずの世界が、それより大きな器である意味の場から生み出されているというのは矛盾**ではないでしょうか？

だからガブリエルは、この世のすべてを意味する世界などは存在しないと言うのです。なんだかキツネにつままれたみたいですが、結局ガブリエルが言いたかったのは、私たちが住むこの世界が存在しないということではなくて、あくまですべての**物事は意味の場から生み出されるもの**だということです。

面白いのは、この哲学によって、すべての物事は認識イコール存在だと言えるようになる点です。すべての物事が意味の場から生み出されるなら、私たちがそのように認識したものは、すべてこの世に存在することになるからです。

思考実験の結果として応用できるのは、この部分だと思います。つまり、**なんでも認識が変われば、別の存在になりうる**ということです。

視点を変えれば、既存の物も別の物として活用できる可能性が出てきます。ぜひ身の回りの物の新しい活用方法を考えてみてください。

思考のポイント

存在するはずの物を存在しないと仮定すると、その存在の意味を別の視点から説明できるようになる。

DAY 3

「ビジネス」の思考実験

――社会の営みをあらゆる方向から見直す

ビジネスとは、世の中に富を生み出すための営みです。
思考実験は仕事にも使えるのです。
講義3日目は、思考実験の実践とも言える
ビジネスの思考実験に取り組んでみましょう。

13

仮説思考

仮説を立てるべきか否か？

ビジネスの課題を解決するには、
あれこれ仮説を立てたほうがいいのか、
それともそのような先入観はもたないほうがいいのか?

仮説を立てることのメリットは？

これはいわゆる仮説思考の話です。つまり、**仮説を立てて検証を行う作業を繰り返すことで、適切な結論に至るという発想**です。仮説とは読んで字のごとく仮の説ですから、正確なものではありません。そこで、ときにはまったく見当違いな方向に導いてしまう可能性だってあります。

したがって、物事によってはそのような先入観をもたないほうがいい場合も考えられるのです。

では、ビジネスではどうか？

基本的には仮説を立てることはよしとされます。なぜなら、そのほうが**最短距離で結論に至る可能性が高まるから**です。これは森をさまようのと同じで、方向を定めずにうろうろすると、かえって寄り道が多くなってしまいます。最悪の場合、迷子になることさえあるでしょう。

これに対して、仮説を立ててその方向で突き進むと、少なくともどこかに行き着きます。**寄り道や迷う可能性は低くなる**のです。そのうえで、間違っていたところまで戻ってやり直せばいいのです。結果的にはそのほうが早くなります。

たとえば、私が本の企画をするときもそうです。本は何が売れるかわからないので、書店のラインナップを見ながら、あるいはネットでバズっていることや雑誌の特集、テレビ番組などの傾向からあたりをつけることになります。まさに仮説です。そうして企画を練りつつ、周囲の反応を見ます。そのうえで修正をかけていくのです。

こうして**仮説を立てることのメリットは、最短距離で結果に至るだけでなく、より説得性が増すという点**も挙げられます。なぜなら、検証を繰り返すことで、そのつど問題点が改善されていくからです。ですから、**早めにたたき台をつくって検証し、それを完璧なものに仕上げていったほうがいい**のです。

通常、検証には第三者の目も入ってきますから、より客観的でいいものになっていくはずです。科学の仮説と違って、間違っていたら全然ダメということはありません。間違っていても、振り出しに戻る必要はまったくないのです。改良さえすれば、前に進めます。だからビジネスには仮説思考が最適なのです。

さらに、これは副産物かもしれませんが、そうやって**仮説思考の習慣が身につくと、論理的思考力も鍛えられる**ようになります。いろんなケースを頭の中でシミュレーションすることになるからです。もうそのプロセスそのものが思考実験にほかなりません。

ぜひ、まずは仮説を立てることをおすすめします。

思考のポイント

仮説を立てることで、より早く、よりよい答えにたどりつくことができ、その説得性も増す。

14

フェルミ推定

手がかりを元に推論せよ

市民が哲学をするイベント「哲学カフェ」は、日本で年間何回くらい開催されているのだろうか？

大体の数字を根拠とともに答えなさい。

ただし、何も参照してはいけない。制限時間は5分。

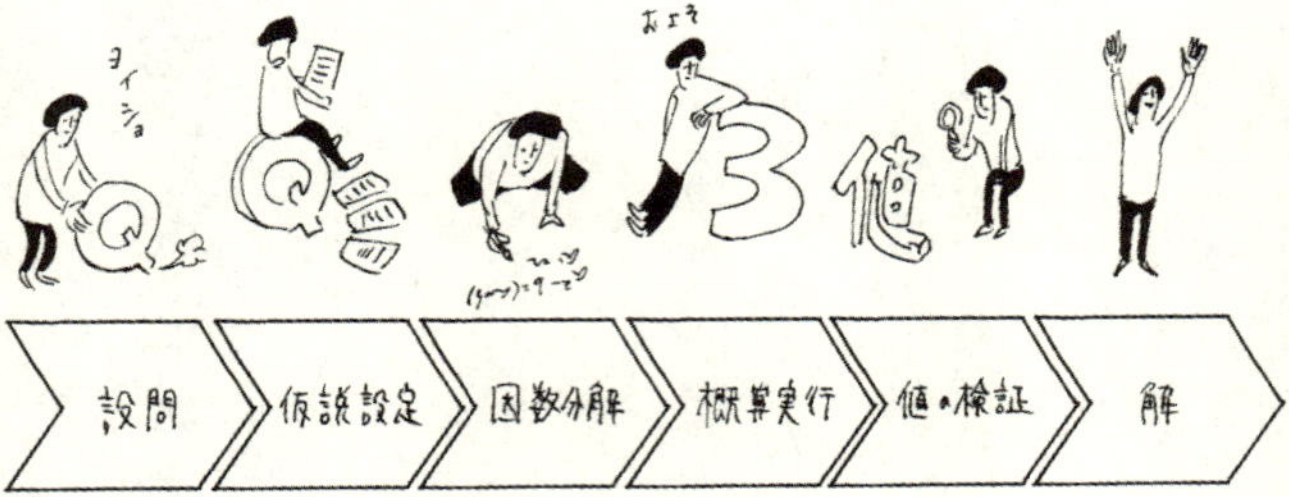

フェルミ推定の一般プロセス

なぜ正解よりも「思考プロセス」が重要なのか？

フェルミ推定とは、手がかりを元に推論し、だいたいの解を導く方法のことです。イタリア出身の物理学者エンリコ・フェルミが紹介したので、その名前に由来します。主に、実際に調査するのが難しいもの、たとえばすべての数を把握するのが困難だったり、そこまでの必要がないものが対象になります。あるいは、とりあえず概数が必要なときにも用いられます。

ビジネスの現場でよく使われるため、最近は入社試験などでも問われることがあるようです。その際、解そのものよりも、いかにしてその解に至ったのかという思考のプロセスが重視されます。一般には、仮説設定、因数分解、概算実行、値の検証というプロセスを踏むことになると思います。

・**第1ステップ「仮説設定」**

どのレベルで試算するかを決めるものです。これは試算の目的と、与えられた時間や情報で決まってきます。急いでざっと状況を把握したいだけなら暫定的《ざんてい》なものでいいでしょうが、ビジネスプランに使うような場合は、少し時間をかけて詳細に試算することが求められるでしょう。

・第2ステップ「因数分解」

これは数学の因数分解の計算をするということではなくて、**解を導くのに必要な要素を挙げて、計算式をつくる**ということです。

・第3ステップ「概算実行」

その計算式に具体的な数値を当てはめます。もちろん手持ちのだいたいの数字で十分です。それがフェルミ推定のポイントですから。

・第4ステップ「値の検証」

その値が妥当かどうか検証します。これはもう、そんなものかどうか常識に照らして考えるよりほかありません。あまりにもおかしいようなら、因数分解や概算実行のところを見直すといいでしょう。

さて、それでは早速、設問を例に考えてみましょう。

では、「哲学カフェ」はどれくらい開催されていると推定できるか？

まず仮説設定については、わずか5分では何も参照できないので、暫定的なざっくりとした試算にならざるを得ません。

因数分解については、こういう問いが作られるということは、哲学カフェは相当数あるのだと思います。しかし、最近増えてきているとはいえ、日常的に耳にするものではないので、せいぜい各県に2つか3つくらいでしょう。東京や大阪あたりにはもっとたくさんありそうですが、とりあえず47都道府県それぞれに3つくらいと見積もっても間違いなさそうです。

また、このようなイベントは平日に開催するのは難しそうなので、週末開催されるのが普通でしょう。週末は1年に約50くらいあることになりますが、どこも毎週開催されるとも思えないので、多いところも少ないところもあるということで、平均2週間に1回くらいと見積もります。つまり50÷2＝25回です。

これで概算実行をすると、47×3×25＝3525件になります。

最後に値の検証ですが、日本で年間3525件哲学カフェが開催されているとしても別に異常だとは感じないので、これでよしとします。

ちなみに、私も哲学カフェを開催していますが、県内で他に継続的に開かれているのを2つくらい知っています。小規模なものはもっとあるのかもしれませんが。そして私の場合は月に1~2回やっていますので、だいたい推定と合っています。

先ほども書いたように、**これは思考のプロセスにどれだけ説得力があるかですから、答えが合っているかどうかはあまり重要ではない**のです。必要であれば、もっとデータを入手して、時間をかけて正確に計算すればいいだけです。今回はあくまで思考実験だと思っていただければ結構です。

思考のポイント

手元にある手がかりだけで推定することによって、だいたいの規模を知ることができる。

15

◆デザイン思考

デザイナーのように思考するとは？

ビジネスにおいて、イノベーションのような新しい価値を生み出すためには、デザイナーの感性と手法を用いるとよいとされる。具体的にはどのように思考すればいいのだろうか？

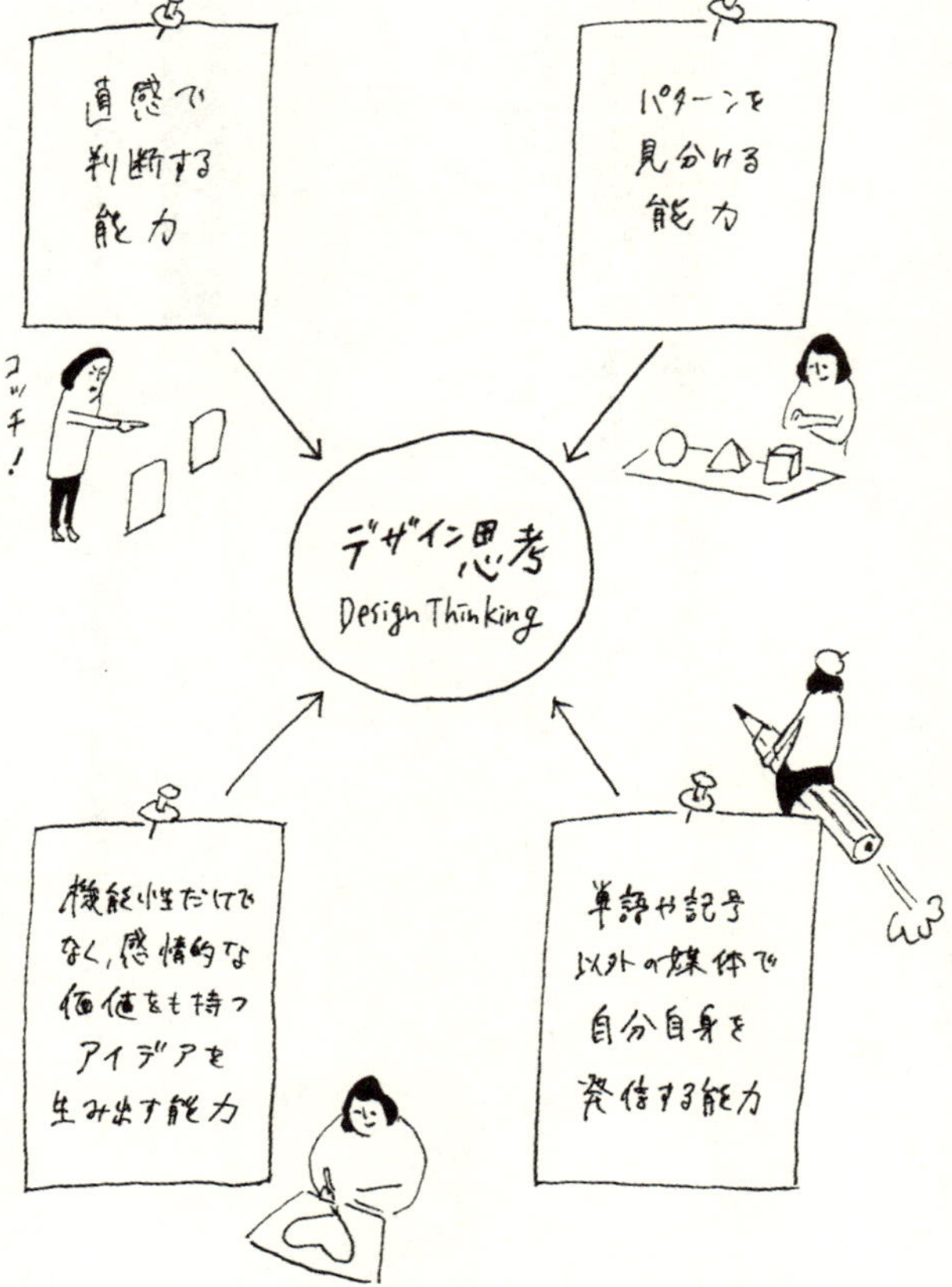
直感で判断する能力
パターンを見分ける能力
コッチ！
デザイン思考
Design Thinking
機能性だけでなく、感情的な価値をも持つアイデアを生み出す能力
単語や記号以外の媒体で自分自身を発信する能力

「デザイン思考」とはいったい何か？

これは近年、ビジネスの世界で注目されている「デザイン思考」の話です。デザインといっても絵を描くデザインではなくて、むしろ設計という意味でとらえてもらったほうがいいと思います。つまり、**ビジネス全体を設計するということ**です。ただ、もともとは芸術のあのデザインから来ているのは間違いありません。だからデザイナーの感性と手法を用いるのです。

実際、デザイン思考の草分けといってもいいティム・ブラウンは、世界屈指のデザイン会社ＩＤＥＯ《アイディオ》の社長です。

では、デザイナーの感性と手法を用いるとは、具体的にはどういうことなのでしょうか？

ブラウンによると、デザイナーのごとく思考するというのは、**「直感で判断する能力。パターンを見分ける能力。機能性だけでなく感情的な価値をも持つアイデアを生**

み出す能力。単語や記号以外の媒体で自分自身を発信する能力」を重視することだと言います。

定義的に表現すると、**理性とは異なる直感や感性などを重視した柔軟な思考**と言うことができると思います。

つまり、**これまでの論理や分析を重視した思考とは正反対**なのです。

そうすると、当然得られる成果も従来のものとは違ってきます。デザイン思考が新しい価値を生み出したり、イノベーションのためのツールとして用いられるのはそのためです。

もちろん、論理に欠けるぶん、失敗も増えるかもしれません。でも、それは織り込み済みで、むしろ改良を重ねていくことにこそ重きを置いています。

そこで、**プロトタイプが重要**になってきます。**プロトタイプで試してみて、評価と改良を繰り返す。そうして最終的に満足のいくものをつくればいい**というのがデザイン思考の基本的な発想です。

こうした思考を行う前提として重要になってくるのが、次に掲げる3つの要素、

「洞察（インサイト）」「観察（オブザベーション）」「共感（エンパシー）」です。

デザイン思考は物事を根本から考えようとします。だから鋭い「洞察」によって気づき、しっかりと「観察」することが必要なのです。また、「共感」が求められるのは、よりよい洞察を得るために、他者の視点に立って世界を観察し、理解しなければならないからです。

したがってブラウンは、これら3つの要素が互いに相乗効果をもつとしています。洞察、観察、共感のサイクルです。

優れたデザイナーは感性が優れています。世の中の変化や新しいものに敏感です。だからこそ、これまでにない面白いものを生み出せるわけです。今はビジネスにもそんな優れた感性が求められる時代なのでしょう。

思考のポイント

ビジネスに、理性とは異なる直感や感性を重視した思考をもち込むことで、従来とは異なる柔軟な思考ができるようになる。

16

もし倫理に反することが職務だったら？

◆ビジネス倫理

あなたは大手化学メーカーに勤める研究員だとしよう。

ところが戦争が始まったため、国家から協力を求められて薬品の人体実験をすることになった。

その結果、多くの被験者が犠牲になった。

さて、あなたは罪を負うのだろうか？

国家に忠実に尽くすためとはいえ、人殺しは許されるのか？

これは実際に第二次世界大戦中のドイツであった出来事です。

ＩＧファルベンという会社が、**ユダヤ人を薬の被験者にし、死に至らしめたという恐ろしい事件**です。戦後、経営者たちが裁判にかけられましたが、当時は戦時中で、政府の要請によって行った行為であり、違法とは言えませんでした。

さらに**問題なのは、彼らに罪の意識がまったくなかったこと**です。いずれもまじめな社員で、だからこそ命令に従ったのです。

ここで思い出すのは、ドイツ出身の女性現代思想家ハンナ・アーレントの指摘です。アーレントは、ナチスの幹部として多くのユダヤ人を強制収容所に送り込んだアドルフ・アイヒマンの裁判を傍聴し、レポートを書きました。『イェルサレムのアイヒマン』という本にまとめられているものです。

裁判の傍聴を通じて、彼女は「悪の陳腐《ちんぷ》さ」を発見しました。つまり、**極悪と思わ**

れたアイヒマンもまた、職務熱心な政府の役人にすぎなかったのです。

この発見は、本質をついたとても鋭いものですが、当時は非難の的《まと》となりました。人々は悪魔を裁こうと鼻息を荒くしていたからです。

にもかかわらずアーレントは、**誰でも悪になりうると結論づけた**のですから。


つまり人間は、誰しも悪を犯しうる存在なのです。職務熱心のあまり、つい罪を犯してしまうかもしれない。アーレントは、それを「悪の陳腐さ」と呼んだのです。そして**それを防ぐために、思考することが大事**だと言います。

何も考えずに仕事を機械的にこなしているから、おかしいことに気づかないのです。それは会社に対しては職務熱心なのかもしれませんが、社会に対する責任という意味では熱心さのかけらもありません。


私たちはみな、自分が日ごろ従事している仕事の意味、影響、社会的責任といったものをつねに意識しながら生きていく必要があります。そうでないと、**知らず知らずのうちに不正を犯している可能性すらある**のです。

よく企業や役所の幹部が不祥事で頭を下げるシーンが報じられますが、あれはまさにその典型です。1人ひとりの社員や職員は、決して悪人ではないのでしょう。ただ、何も考えていないことによって、結果的に悪を犯してしまうわけです。そして後悔するはめになる。

とするならば、**後悔する前に思考実験によって間違いを防止すればいいのです。**思考実験にはそんな間違いを予防する効果もあると言えます。

思考のポイント

悪の本質に目を向けることで、人間が不正を犯すメカニズムが明らかになる。

17

もし隠ぺいを指示されたら？

◆ホイッスルブローイング

1986年、スペースシャトル「チャレンジャー号」が打ち上げ直後に爆発事故を起こし、乗組員全員が亡くなった。

じつは、O《オー》リングという部品に問題があることが主任技師によってあらかじめ指摘されていた。

しかし経営陣はNASAとの関係を重視し、打ち上げを強行。技術者たちに「技術者の帽子をぬぎ、経営者の帽子をかぶりたまえ」と言ったという。

事故を防ぐことはできなかったのだろうか？

どのようにホイッスルブローイングをすれば成功するか？

これは技術者倫理の世界で古典とされている、有名な実際に起きたケースです。技術者であるボイジョリーは、やれるだけのことはやったと評価されており、技術者のお手本のようになっています。ただ、**彼が内部告発、いわゆるホイッスルブローイング（警笛鳴らし）を行っていれば、事故は防げたかもしれません。**

とはいえ、ホイッスルブローイングが企業にダメージを与えるのは明らかですから、要件を厳格に絞る必要があります。

この点についてアメリカの倫理学者リチャード・ディジョージは、**内部告発を正当化するための5つの条件**を挙げています。

①一般大衆に深刻かつ相当な被害が及ぶかどうか、②上司へは報告したかどうか、③内部的に可能な手段を試み尽くしたかどうか、④自分が正しいことを、合理的で公平な第三者に確信させるだけの証拠はあるかどうか、⑤成功する可能性は個人が負う

リスクと危険に見合うものかどうか、という5項目です。

ディジョージによると、①~③が満たされていれば、内部告発は道徳的に許されます。また、④と⑤が満たされるような場合には、内部告発はむしろ道徳的義務となります。

ボイジョリーのケースでは、①は満たします。②もやりました。③もやったと言っていいでしょう。したがって、ホイッスルブローイングが許される条件が整っていたと言えます。

ところが、④の証拠が十分でなかったのでしょう。だから経営陣を説得しきれなかったのです。⑤についても確信をもてなかったのだと思います。つまり、ボイジョリーがホイッスルブローイングを行わなかったのも、やむを得ないということになります。

どこの組織にも問題があります。その**問題を知ってしまったとき、いったいどうすべきなのか、ディジョージの5つの条件に当てはめて思考実験する**といいでしょう。

慌てて告発すると、組織だけでなく、自分自身も大きなダメージを負うことになりますから。だからといって見て見ぬふりをするのは一番いけません。
大切なのは想像力です。起こりうるシナリオを自分の頭の中でできるだけたくさん、かつ正確に描く。そのうえで判断すべきなのです。

アメリカ政府の情報監視について告発を行った元ＣＩＡ（中央情報局）の分析官エドワード・スノーデンをご存じでしょうか。彼は熟考を重ねたうえで、覚悟して告発しました。なにしろ相手はアメリカ政府です。

そのせいで海外に亡命することになってしまいましたが、後悔はしていないと言います。それ以上に使命感を覚えていたのでしょう。

アメリカによる無差別の情報監視を告発することで、全世界の人々の自由を守ったとも言えるわけですから。

思考のポイント

内部告発を思考実験ととらえることで、その必要性とリスクについて考えることができる。

18

もし働く必要がなくなったなら？

◆AIが仕事を奪う!?

ＡＩはどんどん進化し、有能になっていく。

そして、やがて人間のやるような仕事もできるようになると言われている。

しかし、そうするとＡＩに人間の仕事が奪われるというジレンマが発生するのではないだろうか？

人間が働く必要がなくなったなら、人間はいったい何をすればいいのだろうか？

AIがすべての労働を担ってくれるなら、あなたはどうする？

ＡＩは日々進化しています。その意味でＡＩはつねに私たちにとって未知の問題であって、思考実験の対象になるといえます。

ここで考えたいのは、そのＡＩが私たちの仕事を奪う可能性についてです。

人間社会の経済を発展させるためにAIを一生懸命開発した結果、人間が雇用を奪われるようなことがあっては、本末転倒ではないかという議論があります。 このジレンマについてどう考えればいいのか？

そもそも私たちがＡＩを開発し始めた背景には、単純労働を機械に任せることで、より効率的に生産を行うというオートメーションの発想がベースにあります。それによって、人間はより高いレベルの仕事に専念でき、また時間的余裕をもつこともできると考えたのです。

ところがＡＩの場合、これまでのオートメーションとは次元が異なり、人間よりも高度な仕事ができるようになるのです。ということは、人間がやるはずだった高いレベルの仕事まで奪われてしまうわけです。

もはや**AIは手術などの技術的に複雑高度な仕事だけでなく、芸術などの創造的な仕事までできるようになる**と言われています。絵を描いたり、小説を書いたりするAIまで登場していますから、そうなるともう、なんでもできるということになります。そこが計算違いだったのです。

では、人間はいったい何をすればいいのか？

もちろん時間的余裕はできます。仕事が奪われる代わりに、AIが働いてくれるのですから。まあ、AIがもたらす富を人間が享受できればの話ですが。

もし仮に人間優位の社会が続き、**AIがほとんどすべての労働を担ってくれるとすれば、人間がすべきことは仕事以外**ということになるでしょう。あたかもアラブの王様のように、働かなくても生きていけるのですから。

もっとも、**これが幸せなのかどうかは別問題**です。

人間には労働の喜びというものがあります。**働くことを通じて、社会に役立ってい**

るという誇りを感じるからです。

それがなくなったら、いったい何によって誇りを感じればいいのか。

人間は苦役から逃れるためにオートメーションをよしとしたわけですが、**働くことの喜びやそこから得られる誇りといったかけがえのないものまで手放すつもりではなかったはず**です。

もしＡＩを発達させることによってそのかけがえのないものを失ってしまうなら、ＡＩの仕事への活用についても考え直す必要があるのではないでしょうか。

さて、あなたはどう考えますか？

思考のポイント

いい側面だけでなく、悪い側面にも目を向けることではじめて、問題の本質が見えてくる。

DAY 4

「科学」の思考実験

――未知の領域について考える

科学とは、未知の事柄を検証すること。
未来のために思考実験を役立てることもできます。
講義4日目は、思考実験の活躍の場とも言える
科学の思考実験に取り組んでみましょう。

19

もし人の身体をデータ転送できるとしたら？

✦人間転送機

電子メールでスキャンデータを転送するかのように、もし私たちの身体もスキャンして転送できるとしたら、どうなるだろうか？

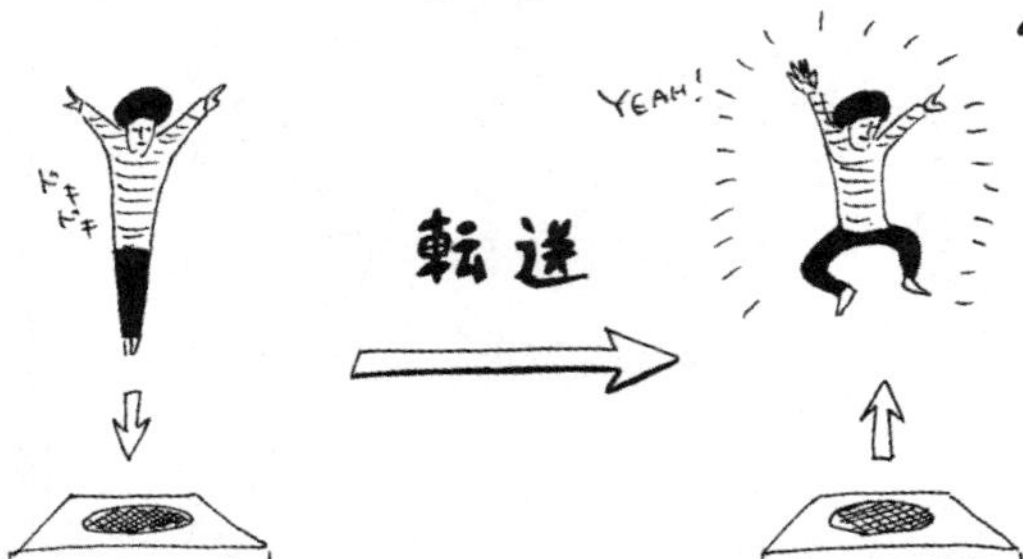

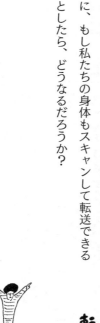

「スキャンした後、転送された自分」は「自分」なのか？

これはイギリスの哲学者デレク・パーフィットが提起した「人間転送機」の思考実験です。

パーフィットは、まず**自分がスキャンされた後、どこか別の場所に転送されるという想定**をします。瞬間移動のようなものです。

この場合、**いったん自分の成分が破壊されてから再構築されることになるため、元の自分と同じかどうか**かが問われてきます。でも、意識が連続しているなら、元の自分であることを疑う必要はないでしょう。人格に同一性があるわけですから。

問題となるのは、２人の自分が存在しうるケースです。次にパーフィットは、転送する前の自分と、転送先で再構築された自分の２人ともが存在するケースを想定します。さて、この場合はどちらが本当の自分なのでしょう？

もしどちらかにしか自分の意識がないとすると、もう１人の自分は誰なのか？

とくに問題となるのは、なんらかの理由で後から2人のうち1人に絞られることになった場合、相手のほうが選ばれるという事態です。本当の自分はこっちなのに、なぜか消される運命に……。でも、周囲は言います。ちゃんともう1人の自分が生き残るから大丈夫だと。そんなの納得がいきませんよね？

逆に、**2つの身体ともに自分の意識があるとしたら、どうやって2つの人生を同時に生きればいいのか？**　一方は悲しみ、他方は喜ぶなどできるのかどうか。

もっと言うと、一方は寝ているのに、他方は起きているなどという事態は想像もつきません。それにこのパターンは、2人以上、極端なケースで言うと100人の自分がスキャンで再構築されたような場合、いったいどうなるのでしょう。

頭の中に100個のモニターがあって、自分の大本《おおもと》的な存在がそれを全部管理することになるのでしょうか？　聖徳太子は10人の話を同時に聞き分けたといいますが、同時に100人分のバラバラの思考をし、同時に違うことを話したり感じたりするのはどう考えても不可能でしょう。

パーフィットは、人格とは何か問うためにこの思考実験を提起しました。そう考えると、人格はやはり固有のものであるように思われます。身体がいくつできても、人格は1つなのです。複数の身体に1つの人格が同時に宿るということはあり得ません。

その反対で、1つの身体に複数の人格が宿る多重人格のような精神障害がありますが、あれでさえも同時に複数の人格が現れるわけではないのです。もしそれが起こるなら、複数の人格がたまたま1つの身体に同居しているだけで、複数の人間がいるのと同じです。

1人の人間と言えるためには、人格は1つでなければならないのです。それはもう人間の本質だと言ってもいいでしょう。

思考のポイント

人間の転送を考えることで、人格の意味、そして人間の本質を考えることができる。

20

量子力学の矛盾

◆シュレーディンガーの猫

生きた猫と死んだ猫が同時に存在することがあるのだろうか？

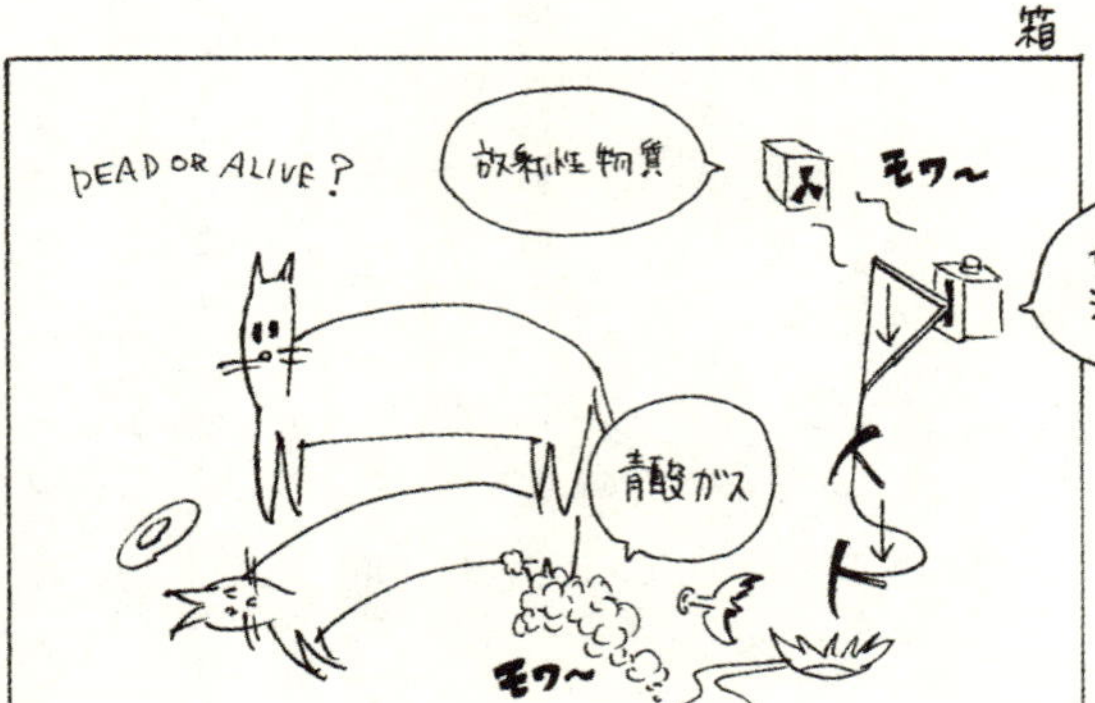

なぜこんな問いを考えるに至ったか？

この変な設問は、物理学のある有名な思考実験で問われたものです。それが「シュレーディンガーの猫」という思考実験です。

猫が出てきてなんとなくかわいい感じがしますが、毒によって猫が死ぬという怖い話で、かつかなり難しい問題です。そのつもりで読み進めていただければと思います。まずどこからいきましょうか。そう、シュレーディンガーという名前からいきましょう。

これはエルヴィン・シュレーディンガーというオーストリア生まれの物理学者の名前に由来します。もともと彼は、分子や原子、電子など、微視的な物理現象を記述する「量子力学」という学問の創始者の1人なのですが、後にそのおかしさに気づきました。そして、自分の疑問が正しいことを証明するために、シュレーディンガーの猫という思考実験を世に問うたのです。

彼の気づいた量子力学のおかしい点というのが、まさにこの思考実験のポイントです。それではシュレーディンガーの猫の中身について紹介しましょう。

「量子力学の大前提」が現実との矛盾を引き起こす?

まず大きな箱を用意します。その中に量子力学の世界で存在が認められている、電子が発生する放射性物質を入れておきます。さらにその電子を検出するためのセンサー付測定器と青酸《せいさん》ガスの入った瓶を入れます。

この電子はたまにしか出ません。そしてそれが測定機で観測されると、センサーによってスイッチが入り、青酸ガスの入った瓶が割れるという仕組みになっています。

さて、そのような箱に猫を入れたらどうなるかです。ここでようやく設問の問いとつながりましたね。

電子が発生し、センサーに触れると、青酸ガスが出ます。青酸ガスは猛毒ですから、当然猫は死んでしまいます。つまり、**箱を開けて誰かが中を見たとき、もし猫が死んでいれば、電子がセンサーに触れた**ことになります。生きていれば、電子はセンサーには触れていないわけです。

ところが、ここからがややこしい話になります。量子力学の世界では、観測されるまで1つの電子が同時に複数の箇所に存在するという大前提があるのです。「重ね合わせ状態」と呼ばれるものです。

そうすると、箱を開けて観測する前は、電子はセンサーにすでに触れているという状態と、まだ触れていないという状態が同時に起こり得ます。言い換えると、猫は箱の中で死んでいると同時に、生きているということが起こりうるのです。

こんな変なことが起こるから、シュレーディンガーは量子力学が嫌になったようですが、それとは裏腹に今やこの分野はますます発展しています。

にもかかわらず、シュレーディンガーの猫という問題提起に対しては、まだ万人が納得する答えは得られていません。

量子力学のような最先端の科学の命運が猫にかかっている!? 答えは箱の中にいた猫だけが知っているだなんて、まるでミステリーです。

思考のポイント

量子力学の世界から物事を見ると、現実の世界との矛盾が明らかになる。

21

空気は自然に分離するか？

マックスウェルの悪魔

外の空気と部屋の空気を容器に混ぜて入れるとする。

その容器の中央に、穴の空いた仕切りを入れておくと、自然に両者は分離していくだろうか？

ただし、仕切りの開閉は悪魔が行うものとする。

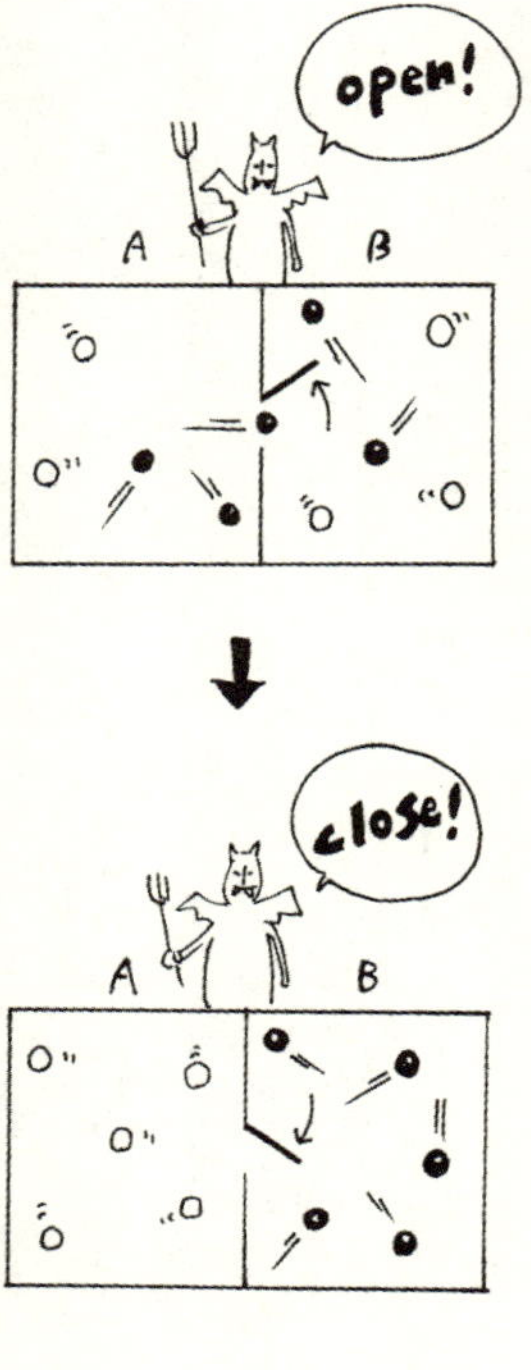

悪魔が空気を分離する？

混ざった2種類の空気が、自然に分離していく？

いやそんなことはあり得ないと思われるかもしれません。ところが、ある思考実験によると、そんなあり得ないことが起こってしまうのです。

これは、「マックスウェルの悪魔」と呼ばれる思考実験です。19世紀にスコットランドの物理学者ジェームズ・クラーク・マックスウェルが提起したものです。マックスウェルは、**分子の動きを観察できる悪魔の存在を想定することによって、熱力学第二法則を否定**しました。

熱力学第二法則というのは、熱は温度の高いところから低いところへ伝わり、自然に逆は起きないというものです。言い換えると、無から有は生じないということです。なぜなら、熱が温度に関係なく移動するとしたら、何もないところからエネルギーが生じることになってしまうからです。

ところが、それが起きるというのがマックスウェルの主張なのです。これが本当だとすると、永久機関も夢ではありません。

そのことを証明するために、マックスウェルは次のような実験を考えました。まず均一な温度の気体で満たされた容器を用意します。このとき、個々の分子の速度は均一ではありません。次に、その容器の中央に仕切りを設け、A、B2つの空間に分離します。仕切りには小さな穴が空いています。

ここで悪魔が登場します。その悪魔は、個々の分子を見ることができ、仕切りの穴の開け閉めをコントロールします。悪魔は、素早い分子のみをAからBへ、遅い分子のみをBからAへ通り抜けさせました。

この動作を繰り返すことで、悪魔はAの温度を下げ、Bの温度を上げることに成功するというわけです。この場合、悪魔は分子に対しては何も働きかけていません。仕切りの穴の開け閉めをしただけです。つまり、これだと無から有は生み出せないとする熱力学第二法則と矛盾してしまうのです。

この問題は1世紀以上にわたって科学者を悩ませましたが、１９８２年に物理学者のチャールズ・ベネットが解決策を提示して、一応の解決が見られたとされています。

それによると、マックスウェルの悪魔は、たしかに熱の発生なしに観測を行うことができるものの、じつは別のことで熱を出しているので、結論としては熱力学第二法則は破られていないと言うのです。

その「別のこと」というのがなかなか難しいのですが、簡単に言うと、悪魔はただ観測するだけの行為を続ける場合、いったん前の操作に関する情報を消去しなければならず、その作業の際に熱を出してエネルギーを発生させているというわけです。

このような事情で、結局永久機関の夢はお預けということになっています。残念！

思考のポイント

なんでもできる悪魔の存在を想定することで、絶対揺るがなさそうな物理現象にも疑問を呈することができる。

22

加速するエレベーター

加速度と無重力

宇宙のような無重力空間に設置されたエレベーターが、時速9・8m／s^2で上方に加速していくとき、天井につるされた重りとあなたが手にもっているリンゴは、各々どうなるだろうか？

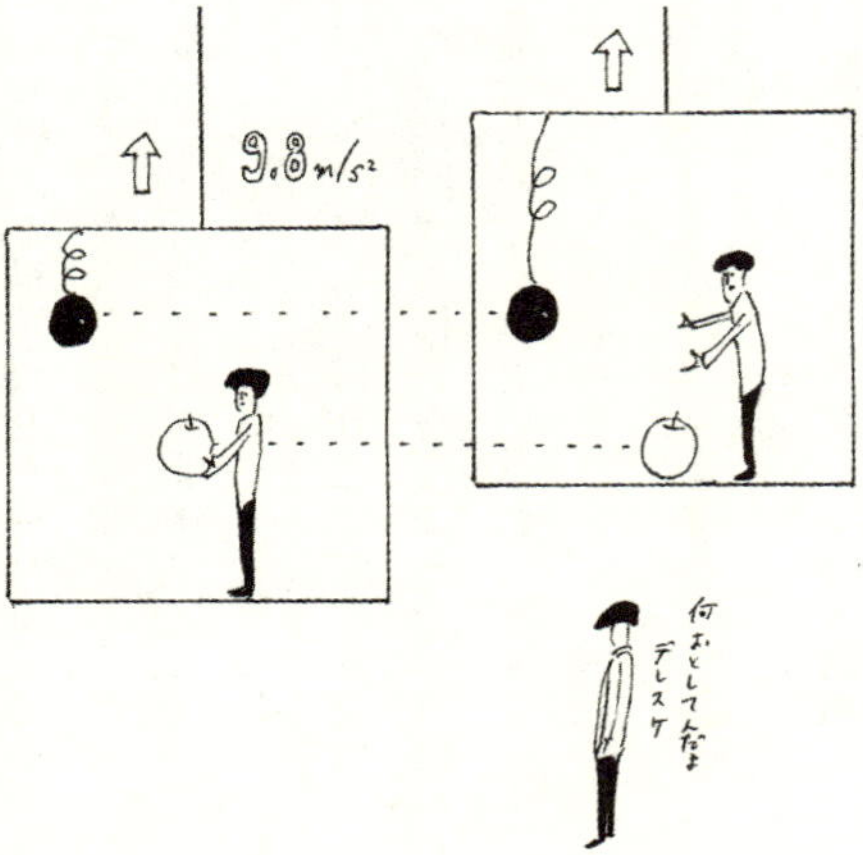

いつものエレベーターに乗っているのと変わらない？

これはまさに物理の問題のようですが、一応思考実験です。ぜひ自分がこの宇宙のような空間に浮かぶエレベーターの中にいると想像してみてください。

まず、エレベーターの速度９・８ｍ／s^2は地球上の重力加速度と同じです。

この場合、**あなたは床に押し上げられるような感覚を覚える**でしょう。どうしてこうなるかというと、エレベーターが動き始める前は床の上に立っているのですから、それが慣性となって、つまりその状態を保とうとして、エレベーターの上昇に身体が抵抗しようとするからです。

では、エレベーターが動き出したとき、あなたがもっていたリンゴを手から離すとどうなるか？

これについても重力加速度と同じ９・８ｍ／s^2の速さで床に向かって落ちていきます。いや、そう見えるのです。**実際には、先ほどいったように床のほうが迫ってくる**わけです。中につるされた重りのほうは、重さでバネが伸びるように見えると思います。つまり地球上と同じ重力があるように感じるのです。

これに対して、**この様子を仮にエレベーターの外から見るとどんなふうに映るか？リンゴは止まって見え、重りについては天井がバネを引っ張っているように見えるは**ずです。なぜなら、無重力空間だからです。

したがって、本当はエレベーターが無重力空間を加速度運動しているにもかかわらず、中にいるあなたにしてみれば、あたかもいつものエレベーターに乗っているかのように感じるのです。

何しろエレベーターの中の物体の運動は、あなた自身もリンゴも重りも、みな地球上における重力加速度の運動と同じなのですから。

こうして、**加速によって慣性が働くとき、その力と物体に働く重力とを区別するのは難しい**ということがわかります。

これはドイツ出身の理論物理学者アルベルト・アインシュタインによって提起された「等価原理」と呼ばれるものです。加速上昇中のエレベーター内の状態と、地球の重力に引かれている状態が等価だということです。

この思考実験は簡単に経験できます。

宇宙に行けるということ？　いいえ、等価原理からすると、宇宙で上に引かれるのも地球の重力に引かれるのも同じということなので、宇宙だと思い込めばいいわけです。

つまり、**エレベーターに乗るだけで宇宙旅行を体験できるなんて、**さすが思考実験！

思考のポイント

重力について視点を変えてみることで、宇宙の原理がわかるようになる。

23

◆シンギュラリティ

AIが人間の能力を超えたら？

AIが人間の能力を超える事態、いわゆる「シンギュラリティ」が起こったら、世の中はいったいどうなるのだろう？

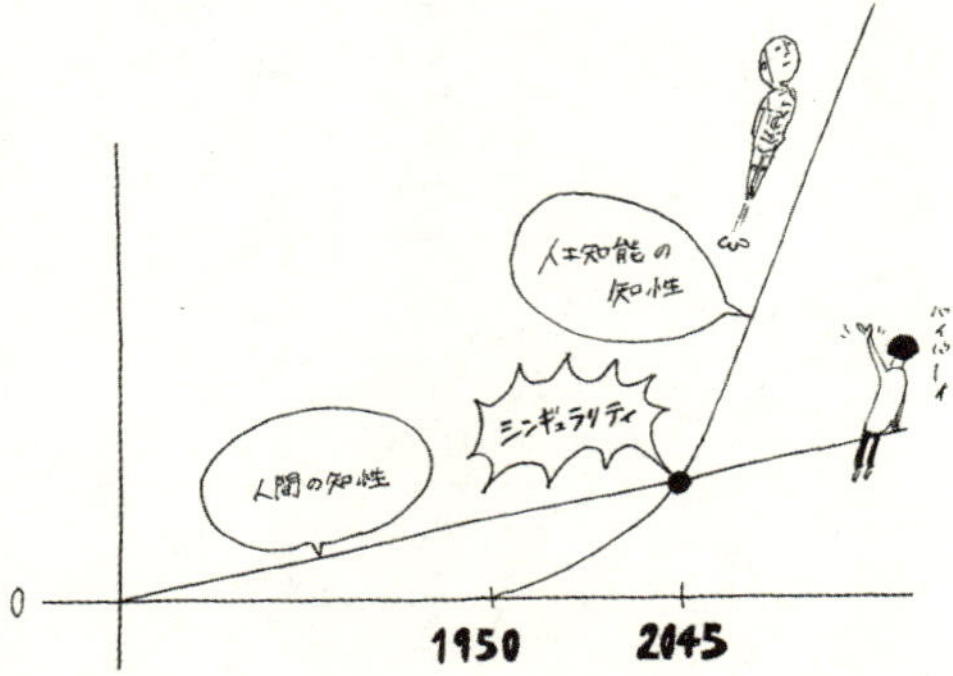

思考実験がAIの暴走を止める？

２０１６年、Google DeepMindによって開発されたコンピュータ囲碁プログラム「アルファ碁」というＡＩが囲碁のチャンピオンに圧勝したニュースは、世界中を震《しん》撼《かん》させました。なぜならそれまでと違って、アルファ碁は**ディープラーニング（深層学習）**という技術によって、人間と同じ方法で思考ができると報じられたからです。

ですから、**人間と同じように思考ができるとなると**、どう考えても勝ち目がありません。その後、彼らのほうがうんと処理能力が高いわけ
ですから、どう考えても勝ち目がありません。その後、人間のように新たなコンテンツを創造できる生成ＡＩが登場し、すでに私たちは文章や画像の作成、あるいはプログラミングなど思考の多くをＡＩに委ねてしまっています。

かつて、アメリカの実業家で未来学者のレイ・カーツワイルは、著書『シンギュラリティは近い』の中で、ＡＩは私たちの想像をはるかに超えて指数関数的に進化していくと断言していました。

そのターニングポイントとなるのが、２０４５年にも訪れるという技術的特異点、

いわゆる「シンギュラリティ」です。ただ、シンギュラリティは、**AIが人間を追い越すという単純な話ではなく、人間がこれまで生きてきた世界が変わることを意味している**点に注意が必要です。

ＡＩが人間と同じように意識をもてば、たしかに私たちの日常の風景はがらりと変わってしまうことでしょう。ＡＩの上司に叱られたり、ＡＩと恋愛したりということも出てくるかもしれません。

それどころか、カーツワイルによると、ＡＩと人間が融合することで、そのような二項対立さえなくなってしまう可能性があると言います。**人間がAIと一体化する世界**。はたしてそれを人間の世界と呼べるのかどうか。

もっと恐ろしいのは、ＡＩが人間を滅ぼしてしまうような事態です。なぜなら、ＡＩが人間と同じ思考パターンを手に入れたからといって、人間と同じような常識をもつかはわからないからです。彼らが**人間のように非合理な部分をもつ**とは限りません。ということは、**目的達成のためなら、手段を選ばない可能性だってある**のです。人間を滅ぼすという選択肢もとりうるということです。

『シンギュラリティ』の著者で認知ロボット工学の専門家マレー・シャナハンは、クリップが必要だと思えばAIは地球を破滅させてでもクリップを増やすことさえ考えかねないと言っています。なぜなら彼らにとって、「すべては人間のために」などという目的は、決して暗黙の前提ではないからです。**シンギュラリティ後のAIは、もはや人間には計り知れない知的生命体と化す**と言っても過言ではないでしょう。

中にはこう思う人もいるかもしれません。そんなこと、どうなるかわからないから考えても仕方ないと。でも、どうかなってしまってからでは遅いこともあるのです。だからあらゆる可能性を吟味しておく必要があります。最悪のシナリオも含めて。そのために思考実験は存在するのです。

大げさではなく、私はあえてこう言いたいと思います。**思考実験は人類を救う**と。

思考のポイント

思考実験で最悪のシナリオを考えることによってはじめて、最悪の事態を防げる可能性が生じる。

24

もし人体冷凍保存で蘇ったら？

✦クライオニクス

もし、突然あなたが不治の病で余命宣告されたとしよう。

しかし、遺体を冷凍保存すれば、将来蘇生する可能性がある。

数百万円程度の費用ですむなら、保存してもらうという選択をするだろうか？

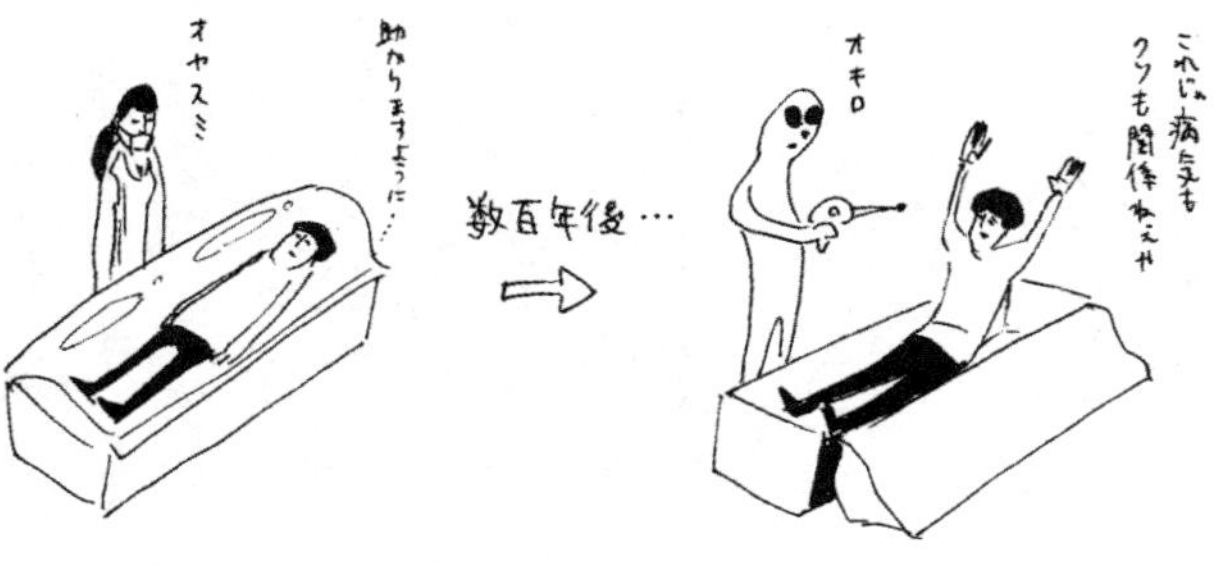

遠い未来で蘇ることは幸福といえるか？

「クライオニクス」とは、人体冷凍保存のこと。現代の医学では治療が不可能な人を、死後冷凍保存し、未来において蘇生して治療しようというものです。日本ではまだ認められていませんが、世界のいくつかの国では実際に冷凍保存が始まっています。

一番ネックとなるのは、これが権利として認められるかです。死亡後のこととはいえ、本来であれば死者は埋葬されることになっています。それを蘇生目的で保存するというのですから、これまでの常識や法制度を超える事態が生じていることになるわけです。

言い換えると、**本人が死亡後も自分の肉体への所有権を保持し続ける権利があるのかどうか**という問題になってきます。だから権利について厳格に問われるのです。

ましてやまだ死亡宣告がされていない段階で、安楽死のようにクライオニクスを求めるというのは、不可能に近いでしょう。本当は死亡後よりもその前に処置を開始したほうがいいのでしょうが、厳格な日本の安楽死の要件のもとでは、それは望むべくもないのが現実です。自分の体なのに、自分の好きにすることはできない。これが自分の所有する物の話なら、もう少しハードルは低いかもしれませんが。

ここで新たな疑問が生じてきます。**そもそもクライオニクスを施《ほどこ》した体は、人なのでしょうか、それとも物なのでしょうか？** というのも、1度は遺体になるわけですが、蘇生することを前提としているので、完全に死んでしまったとは言えないからです。そうすると、どこまで人権の保障をすればいいのかが問題になります。

蘇生技術が実現するのは、遠い未来の話だと決めてかかっているため、現在の法制度は何も準備していないのかもしれません。でも突然蘇生技術が可能になる事態を想定して、対象者になんらかの法的地位を与えておく必要があるように思うのです。そうすると、相続や所有権などに複雑な問題が生じてきます。

ただ、仮にそうした法的地位も明確化されたとして、はたして対象者は幸福なのでしょうか？

たとえば数百年先に蘇生したとしても、知っている人は1人もいない。しかもその世界の常識についていけるかどうかわかりません。言ってみれば、私たちの住むこの現代社会に、突然原始人のミイラが蘇生しても、生活になじめないのと同じです。

また、その場合の法的地位はどうなるのでしょうか。新環境でのウイルスなどへの耐性もないと思われるので、健康的にも問題が生じるでしょう。

そう考えると、蘇生してもあまり幸福になれるとは思えません。にもかかわらず、クライオニクスを人に施すのは、倫理的に問題があるとさえ言えるのではないでしょうか。

思考のポイント

テクノロジーを使った未来を現実に想像してみることで、人間の幸福の意味を考えることができる。

DAY 5

「数学」の思考実験

――数字の正しさと落とし穴

数学とは、数字を用いた論理。
考えてみればあらゆる数学の問題は思考実験のようなものです。
講義5日目は、思考実験のもう1つの顔とも言える
数学の思考実験に取り組んでみましょう。

25

あなたの直感は本当に正しいか？

モンティ・ホール・ジレンマ

あなたはあるゲームに参加しているとしよう。

目の前に3つのドアがある。1つのドアの後ろには新車が、残りの2つのドアの後ろにはヤギが用意されている。

あなたが開けたドアの後ろに新車があれば、それをもらえる。

あなたがどのドアを選ぶか決めたとき、司会者は揺さぶりをかけてきた。なんとあなたが選択しなかった残りのドアのうち1つを開けて、ヤギを見せたのだ。

さらに司会者は、あなたが最初に選んだドアから、残りのまだ開けられていないドアに変更してもよいと言う。

さて、どうするか？

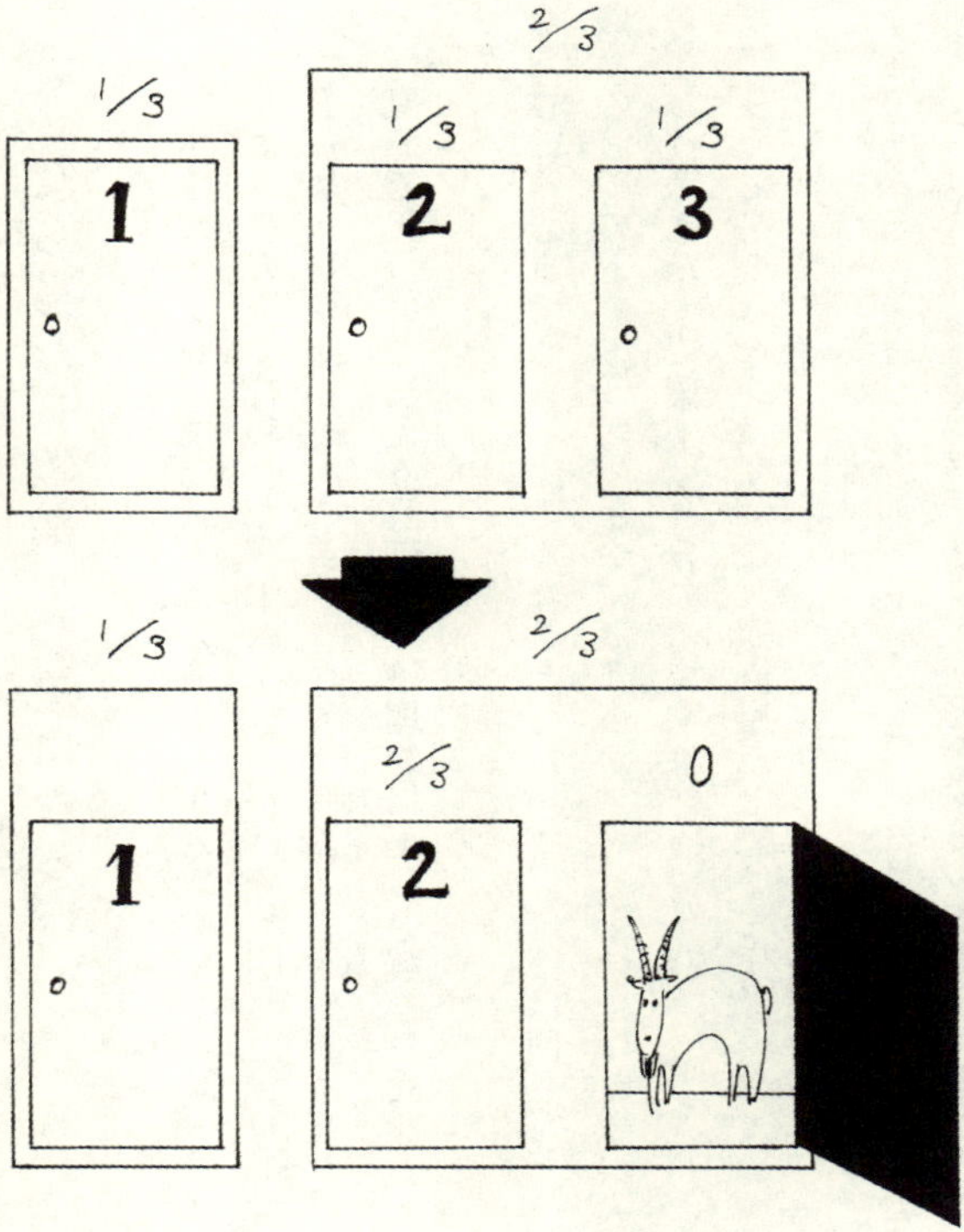
1/3
2/3
1/3
1/3
1
2
3
1/3
2/3
2/3
0
1
2

ドアを変更したら当たる確率が2倍になる⁉

これは**モンティ・ホール・ジレンマ**と言われる有名な思考実験です。アメリカのテレビ番組『賭けをしよう』の中で行われたゲームがきっかけで判明したジレンマです。司会者のモンティ・ホールの名をとって、このように呼ばれています。

一言でいうと、**直感で正しいと思える解答と、論理的に正しい解答が異なる**という問題です。

おそらくあなたはこう思うでしょう。そんなことしたって、確率は同じだと。なぜなら、残りの2つのドアのうち、1つには新車が、もう1つにはヤギが入っているのですから。どう考えたって確率は2分の1です。

それなら選択を変える必要はないはず。これが直感だと思います。

ところが、アメリカのコラムニスト、マリリン・ボス・サヴァントという女性が、「マリリンにおまかせ」という雑誌のコラムで、**ドアを変更した場合、当たる確率が**

2倍になると書いて大問題となりました。

読者たちは直感的にそんなはずはないと思ったのでしょう。数学者を含む多くの人たちから抗議があったのです。

結論から言うと、この場合サヴァントが正しいのです。それはコンピューターのシミュレーションでも証明されています。

もともとあなたは1つのドアを選んでいたわけですから、その時点では新車が入っている**確率は3分の1だった**ということになります。この3分の1という数字をよく覚えておいてくださいね。

さて、残りのドアは2つですから、新車が入っている確率は2つ合わせて3分の2になりますよね。ここで司会者がその2つのドアのうちの1つを開けて、それが外れであることを教えてくれたわけです。

ということは、**もう1つのドアに新車が入っている確率がそのまま3分の2**ということになります。

ここからが驚きです。

先ほど、自分が最初に選んだドアに新車が入っている確率は3分の1であることを覚えておいてくださいと言いました。

そう、**この3分の1という確率と、残りのドアに新車が入っている確率3分の2を比較すると、たしかに2倍になっている**と言えるじゃないですか！

サヴァントは、史上最もＩＱが高い人物としてギネスに認定されたこともあるような人です。それを聞くとさすがと思いますが、当時は著名な数学者たちまで「サヴァントが間違っている」と言ったことで、このジレンマが有名になったわけです。

人間の直感というのは本当に怖いものですね。

何より、これからこんなシーンに出くわしたときは、選択を変えないといけません。

思考実験を知っていると得をするのです。

思考のポイント

直感を疑ってよく考えれば、得をする確率が上がることがある。

26

◆パスカルの賭け

神を信じるべきか信ぜざるべきか?

神を信じるのと信じないのとでは、
どっちが得なのだろうか?

		結果		期待値 expected value
		神が存在した場合 （確率a）	神が存在しなかった場合 （確率1−a）	
自分の立場	神の存在を信じる	無限の幸福 （∞）	有限の損失 （−b）	$a\times\infty+(1-a)\times(-b)$
	神の存在を信じない	無限の苦痛 （−∞）	有限の利益 （b）	$a\times(-\infty)+(1-a)\times b$

信じたほうが得か信じないほうが得か計算できる？

「人間は考える葦《あし》である」の言葉を残したことでも有名な、17世紀フランスの哲学者ブレーズ・パスカル。彼は、キリスト教の神を信じない者を説得するために、面白い思考実験を提示しました。

それがいわゆる「パスカルの賭け」と呼ばれているものです。なんと、**神を信じるのと信じないのとではどちらが得か計算してみせた**のです。数式が苦手な人は右ページの表と照らし合わせながら読んでくださいね。

まず神が存在するとした場合、神の存在を信じた人には無限の幸福（∞）が与えられ、信じなかった人には無限の苦痛（－∞）が与えられます。

このとき、仮に神が存在する確率をaとすれば、無限の幸福を与えられる期待値は（a×∞）、無限の苦痛が与えられる期待値はa×（－∞）となります。

次に神が存在しないとした場合、神を信じた人には、有限の損失（－b）が生じることになります。なぜなら、神が存在すると信じたために、エネルギーもお金も費やしたでしょうから。無限の損失よりはましですが。

だから神を信じなかった人はその分、得したことになるので、有限の利益（ｂ）が生じるということです。ああ、信じなくてよかったと。このとき神が存在しない確率は（１－ａ）となるので、有限の損失が生じる期待値は（１－ａ）×（－ｂ）、有限の利益が生じる期待値は（１－ａ）×ｂとなります。

さて、これらを総合すると、神の存在を信じた場合には、無限の幸福（∞）が得られる可能性（ａ）がある代わりに、有限の損失（－ｂ）が生じる可能性（１－ａ）があるということになります。したがって、その期待値を計算すると、ａ×∞＋（１－ａ）×（－ｂ）となります。

これに対して、神の存在を信じなかった場合には、無限の苦痛（－∞）が与えられる可能性（ａ）がある代わりに、有限の利益（ｂ）が生じる可能性（１－ａ）があるということになります。したがって、その期待値を計算すると、ａ×（－∞）＋（１－ａ）×ｂとなります。

この2つの期待値を比較すると、神が存在する確率aの値が0でない限りは、bがいくつであろうと、**神の存在を信じたときの利益が大きくなり、信じなかった場合の損失が大きくなる**のは明らかでしょう。

結局、**パスカルの計算によると、神が存在するほうに賭けたほうが得だということになる**わけです。だから神を信じたほうがいいよ、ということです。

パスカルに反論することはできるのか？

もちろん、こうした議論には反論があるものです。

たとえば、神を信じなかったからといって苦痛を与えられることはないとか、無限の幸福とか無限の苦痛などないといった反論です。

でも、この次元の反論は、パスカルの計算の原理そのものを否定するものではありません。

つまり、もし神を信じないことで本当に苦痛を与えられたり、無限の幸福や苦痛があるとしたら、パスカルは正しいことになるのです。

これに対して、パスカルの賭けの計算の原理そのものを否定するような反論があるなら、検討に値します。

たとえば、キリスト教の神は唯一神なので、神を信じるといった場合、他の神の存在も信じるということになると、無限の幸福は得られなくなるのではないか？　といった反論です。

それでもやはり、パスカルの賭けがキリスト教の神の話に限定されたものだとすると、そもそも信じる対象の神イコールキリスト教の神となるので、このような反論の余地はないとも考えられます。

パスカルの賭けを打ち負かすのは、なかなか難しそうです。

ちなみに、こうした神がいるかどうかという議論は、西洋哲学の世界では「神の存在証明」と呼ばれます。有名なのは、フランスの哲学者ルネ・デカルトが唱えたような「存在論的証明」とか、イタリアの哲学者トマス・アクィナスが唱えたような「宇宙論的証明」と呼ばれる方法です。

ごく簡単に言うと、どちらも物事の究極のところには何かがあるはずで、それは神にほかならないという論法です。たとえば目の前にコップがあるのはその材料があるからで、その材料があるのはその概念があるからですよね。そしてその概念があるのは……というふうにどんどんさかのぼって行けば、いつかは究極の原因に行き着くはずです。それが神だというわけです。

個人的にはこの方法のほうが納得がいくのですが、皆さんはどちらに賭けますか？

思考のポイント

存在の証明が困難なものについて、どちらに賭けたほうが得かという視点でアプローチすることができる。

27

あり得ない数式の証明法

0・9999…＝1

どうすれば0・9999…＝1が成り立つか証明しなさい。

あり得ない数式を成り立たせる「数字のマジック」がある？

数学というのは不思議なものです。ちょっとした操作で、常識的な考え方がひっくり返されることがあります。まるでマジックのように。

右ページの設問の計算式はその典型です。有名な問題だけに、結構たくさん証明の方法があります。ここでは中学校で習うレベルの数学でもわかるようなものを中心に、そのいくつかを紹介したいと思います。

(1) まず簡単なものから。

0・333…＝1／3ですよね。ここで両辺を3倍にしてやると、次のようになります。

3×0・3333…＝3×1／3

したがって、

0・9999…＝1

（2）次は0・9999…をXと置くやり方です。
すると、10X＝9・999…
ここで10XからXを引くと、
10X－X＝9・999…－0・9999…
9X＝9
X＝1
したがって、0・9999…＝1となるわけです。

（3）さらに、こんな考え方もあります。
0・9999…は無限に続いているわけですよね。ということは、0・9999…を無限集合（∞）で表すことが可能になります。無限集合というのは、限りなく続くもの全体の集合のことです。そうすると、次のような等式が成り立ちます。
0・9999…＝∞
ところで、∞は無限なので、∞／∞も∞を表しうる。
ということは、∞＝∞／∞

∞／∞＝1なので、
0・9999…＝1となる。

（4）最後に、私が一番好きな哲学的なやり方。
それは0・9999…の意味を考えるというものです。いかにも哲学的ですよね。

そうすると、やはり「…」が気になります。これはいったい何なのか？　無限に続く？　いや、もしかしたらずっと続いて、1に向かっているのではないでしょうか？

実際、小数点以下の9がずっと続けば、限りなく1に近づくということですよね。

ということで、「…」の先には必ず1があるという見方です。

だからいつかは0・9999…＝1となるはずです。

ちなみに、こんなふうに考えだすと、この解答自体が「…」（ずっと続く）になりそうな気がしてきました……。

思考のポイント

あり得ない数式をあり得ると考えることで、新しい発想が生まれる。

28

もし1＋1が2でなかったら？

◆数式で世の中を見てみる

1＋1＝2

これは常識だろう。

でも、もしそうではないとしたら、その理由は？

1＋1は2にも、1にも、無限大にも、マイナスにもなる？

1＋1が2になることは常識中の常識とされています。でも、だからこそ逆にそうではない例としてもよく使われます。「1＋1は1だ」とか「1＋1は無限大だ」とかいったように。

まず、そもそも1＋1が2になるのはなぜでしょうか？

それは**1つの物が2つになるから**ですよね。ただ、この場合、独立した同じものが2つ並ぶイメージでとらえられているのだと思います。ミカンを順に1つずつテーブルの上に置けば2つ目を置いたとき、合計2つになるというふうに。

でも、泥団子をくっつける場合には、そうはいきません。

1つ目の泥団子と2つ目の泥団子をぐちゃっとくっつければ、1＋1は1つの大きな泥団子になるのです。これが「**1＋1は1だ**」という例です。スポーツのペアもそうですよね。テニスでも卓球でも、ダブルスは2人で1つにならないといけません。

では、**「1＋1は無限大だ」**というのはどういうことでしょうか？

これもスポーツのペアで考えるとよくわかると思います。**1人なら限られた能力も、2人（ペア）になることで、無限の力が出る**ということです。夫婦もそうかもしれません。お父さんとお母さんが一緒になると最強だというふうに。

あるいは、**ビジネスでもある物と別の物を組み合わせることでイノベーションが生まれたりします**。これはまさに1＋1によって無限大が生じたことになるのではないでしょうか。

そんなことが可能になるのは、**1＋1によって化学反応が起きる**からです。個性の異なる物同士が足し合わされるのは、単なる算数とは違うわけです。

これに対して、**1＋1が0やマイナスになる**ことも考えられます。

たとえば、**不良が集まると、悪いことをするのがエスカレートするため、その意味でマイナス**だということです。1人でも悪いのに、仲間が加わることで調子に乗るからです。他人事のように言っていますが、私も中学生のときはそんな時期がありました。だからやはり1＋1はプラスにしないといけないと実感しています。

このような計算に関する思考実験は、**常識的な答えとは違う答えを考えることで、世の中の見方を変えることが可能になる**という利点があります。足し算に限らず、引き算でも掛け算でも割り算でも、もっと複雑な数式でも基本的発想は同じです。

とくにそうした数式を人生や現実の社会の現象に置き換えることで、いろんな意味合いをもたせることができるようになるのです。

そう考えると、算数や数学は、つくづく机上の空論でないことがわかります。学生時代にそんな目で数学を見ていたら、もっと興味をもてていたはずなのですが……。

みなさんも、ぜひいろいろと試してみてください。

思考のポイント

数式を用いて、常識的な答えとは異なる答えを出すことで、物事に対する常識的な見方が変わる。

29

思い込みによる落とし穴とは?

◆ギャンブラーの誤謬

サイコロを10回振るとした場合、
9回目まで1ばかりが出たとしよう。
あなたは10回目には何が出ると思うだろうか?

次も「1」が出るなんてあり得ない？

サイコロは1から6まで目があって、どれが出るかは偶然に委ねられています。だからサイコロの意味があるわけですが、9回振って9回とも1が出たとしたら、それはすごい偶然です。6分の1の9乗ですから、1007万7696分の1の確率です。さらに1が出るとなると6分の1の10乗で、6046万6176分の1、つまり約6000万分の1の確率になってしまいます。

はたしてそんなことが起こるのだろうか？　と考えてしまいますよね。**それである人は、1以外の目が出る確率が高いと思い込んでしまう**のです。

それでも、1以外の目が出る確率が高いと思い込むのも、9回も続いたのだから同じことが起こる確率が高いと考えるのも、どちらも誤謬《ごびゅう》なのです。6つの目のうちどれが出るかはつねに同じ確率です。

人間は物事に影響されたり、動揺したりする生き物です。ですから、**ちょっと変わった現象が起こると、それが偶然であるにもかかわらず、過剰に不安になったり、**

疑ったりしてしまうのです。こうした偶然に影響された思い込みを「**ギャンブラーの誤謬**」と言います。

これはサイコロやギャンブルに限りません。日常生活においてもそうです。**たまたま偶然が重なっただけなのに、きっと何か意味があるはずだと思ってしまう**のです。

日本の歴史を見ても明らかです。たまたま自然現象のサイクルのせいで不作が続いたり、その時期に疫病が流行《はや》ったりすると、縁起が悪いとかタタリだとか言って、都を変えたりしてきました。これはおそらく経験則が影響しているのでしょう。

たしかに確率的には同じことが続くことはないので、ついそれが当たり前だと思ってしまう。そうやって未来も予測してしまうのです。

この経験則による未来予測は、過去の出来事とつじつまを合わせようとするとき、さらに強く働きます。

たとえば、昼休みにみんなが騒いでいるのでのぞいてみると、サイコロの1の目が連続9回も出ているところだと言います。このときあなたは、おそらく何回も振っている途中でこの事態が生じているはずだと直観的に思うに違いありません。

なぜなら、最初から1が9回も連続するのは偶然すぎるため、何度も振る中でたまたまそういう瞬間があったのだと思いがちだからです。でも、これもまたなんの根拠もない思い込みです。この過去の**出来事とつじつまを合わせようとする誤謬を、「逆ギャンブラーの誤謬」**と言います。

もっとも、もしあなたがサイコロの1の目が連続で9回出たときに呼ばれたとしたなら、すでに何回も振られていた可能性は高まります。

これは「観測選択効果」と言って、そのまれな事態を観測する人がどういう立場にあるかで観測の意味が変わってくるという理論です。たまたままれな事態に出くわした人と、そのまれな事態が起こったときに呼ばれた人では、たしかにその事態に出くわす確率は変わってきますよね。だから、もしサイコロの1の目が9回出たときに呼ばれたのであれば、すでに何度もサイコロが振られたと思うのは正しいわけです。

思考のポイント

物事が起こる確率を冷静に考えることで、偶然の引き起こす現象にまどわされなくなる。

30

バケツで4リットルを量るには？

◆互いに素となる数

3リットルのバケツと5リットルのバケツを用いて、4リットルを量りなさい。
ただし、水はいくら使ってもよいものとする。

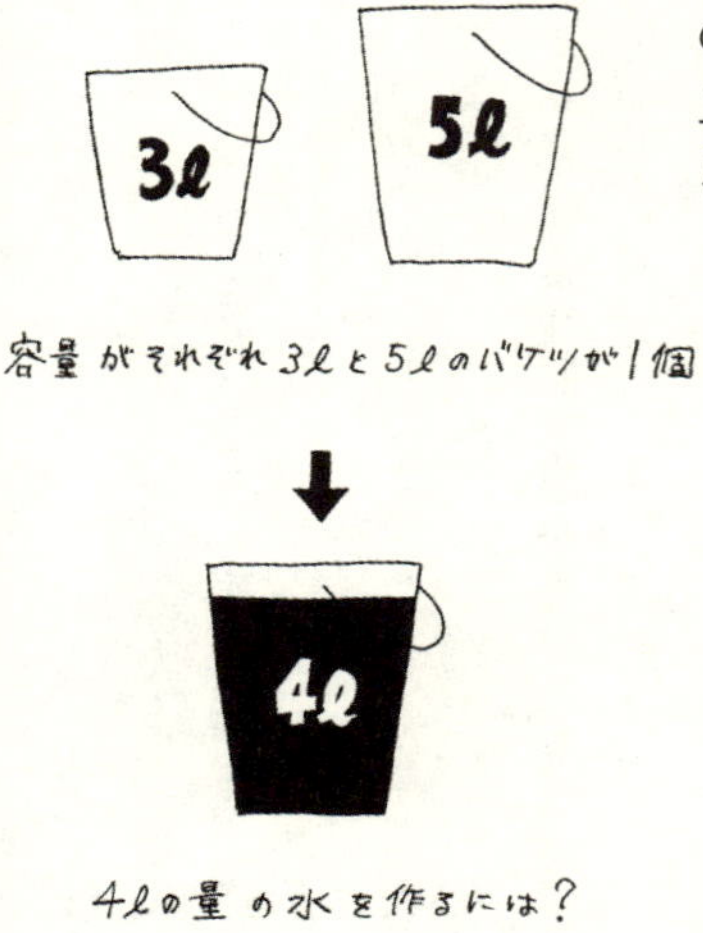
3ℓ
5ℓ
容量がそれぞれ3ℓと5ℓのバケツが1個
4ℓ
4ℓの量の水を作るには？

「ビル・ゲイツの試験問題」の趣旨とは？

これはよくクイズの本などで見る有名な思考実験です。答えは次の通りです。

まず、5リットル用のバケツに水を満タンに入れます。そして、このバケツの水をこぼさないように注意して、3リットル用のバケツに移し満タンにします。この時点で、5リットル用のバケツには2リットル入っていることになります。

次に、3リットル用のバケツの中の水を全部捨て、5リットル用のバケツに入っている2リットルの水を3リットル用のバケツに移します。この時点で3リットル用のバケツには2リットルの水が入っています。

さらに5リットル用のバケツにもう1度水を満タン入れます。その水を3リットル用バケツが満タンになるまで移します。ただ、3リットル用バケツにはすでに2リットルの水が入っているため、1リットルしか移せません。こうして5リットル用バケツには4リットルだけ水が残ることになります。

この応用は砂時計の問題でもよく出てきます。つまり、3分と5分の砂時計で4分を計るというものです。

バケツとの違いは、砂時計の場合逆さまにひっくり返すことになるという点です。まず2つの砂時計で同時に時間を計り始めます。そして3分のほうの砂が空になったら、ひっくり返します。次に5分のほうの砂が空になったら、その時点で3分のほうは残り1分になっているはずです。したがって、そこから数えて砂が空になったら、最後にもう1度ひっくり返して3分間計ればいいということになります。

よく考えたら誰でもできそうですが、思いつくまでちょっと時間がかかりますよね。焦らされるとなおさらでしょう。アクション映画『ダイ・ハード3』で、時限爆弾の解除のためにこの問題を解かされるシーンがありますが、世界一運の悪い男マクレーン刑事にぴったりの、まさに最悪の状況です。

なんとこの問題は、ビル・ゲイツが創設したマイクロソフト社の入社試験にも出されたと言われています。時限爆弾ほどではないでしょうが、それでもやはり試験では緊張すると思います。また、**オックスフォード大学の数学の入試でもこの問題が出た**

ようです。というのも、3と5という数字からわかるように、これは古くからある、**互いに素となる数字の引き算の問題**らしいのです。「互いに素となる数字」とは、素因数分解をして出てきた数字が「1」を除き1つも被らない2つの数字のことです。

もちろん数学となると、もう少し高尚な感じになります。

たとえば、バケツや砂時計のような2つの計測器を各々pとqとし、求める解をkとします。また、計測器pを満たしたり空にしたりする回数をm、計測器qを満たしたり空にしたりする回数をnとすると、mp＋nq＝kの式で表せるというように。

オックスフォード大学で出題されているだけあって、もっといろんな発想で解かそうというのが趣旨なのだと思います。

実際にバケツや砂時計を使っていろいろ試してみると、発見があるかもしれません。こういう問題は、日ごろから実際の物を使ってやっておくと、頭の中だけで思考実験をするときにイメージが湧くものです。

思考のポイント

現実の生活と数学の問題を重ね合わせることで、よりイメージが湧くようになる。

DAY 6

「パラドックス」の思考実験

――納得しがたい結論が生まれる理由

パラドックスとは、一言でいうと矛盾です。
頭の中だからこそ起こる不思議な現象。
講義6日目は、思考実験の醍醐味とも言える
パラドックスの思考実験に取り組んでみましょう。

31

歴史を変えてもいいか？

タイムパラドックス

あなたの恋人は、昔、交通事故に遭って死んでしまった。

しかし、最近、タイムトラベルの技術が開発されたので、過去にタイムスリップして、彼女を救い出すことができる。

ただし、その場合、歴史を変えることになるが、問題ないだろうか？

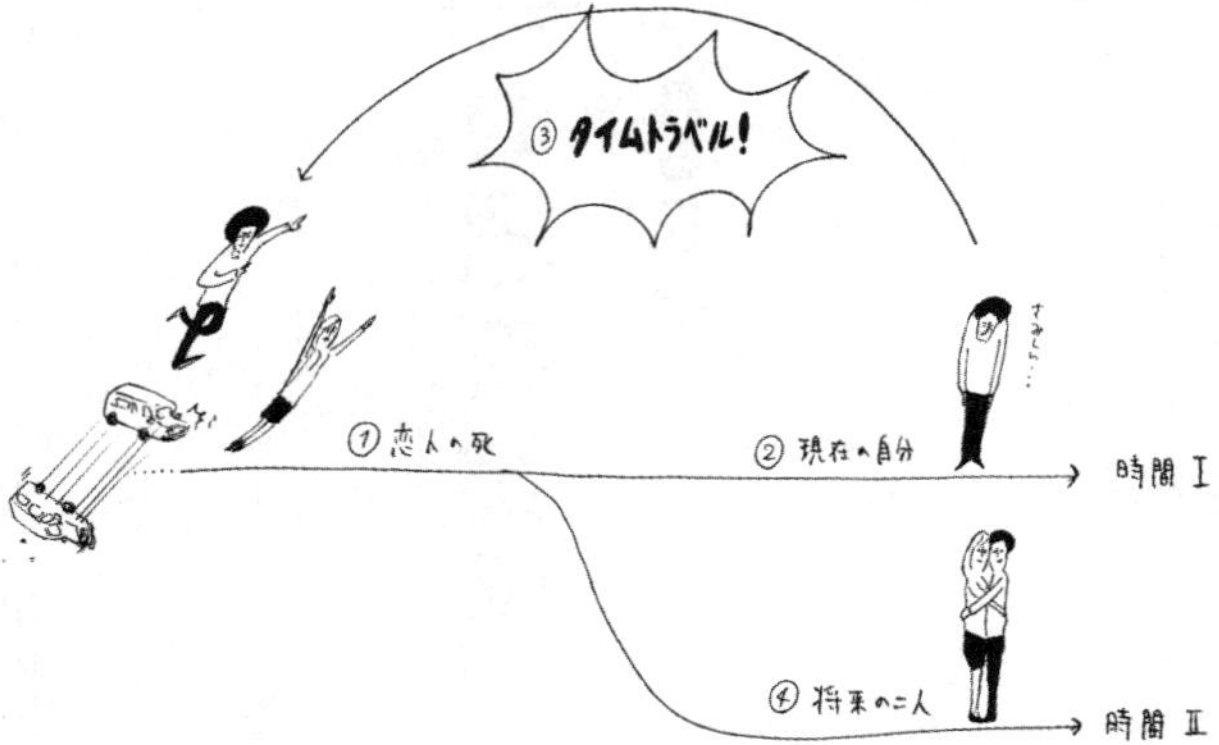

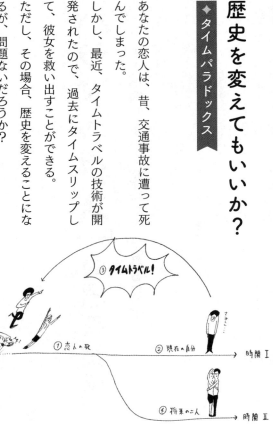

タイムトラベルによる矛盾は解消できるか？

これはいわゆる「タイムパラドックス」と呼ばれる問題です。設問の例を時系列で整理してみます。

①過去に恋人が交通事故に遭って死んでしまった。②現在自分はその出来事の延長線上にいる。③タイムトラベルの技術が開発されたので、恋人が交通事故に遭う前の時間にタイムスリップして、恋人を救う。④そこで死ななかった恋人と幸せに過ごす。

たしかに歴史は変わりましたが、いったい何が問題なのでしょうか？　二人は幸せに暮らせているのだからいいじゃないですか。

ところが、科学者や哲学者たちは次のように指摘します。

仮にタイムトラベルが技術的に可能になっても、**過去を変えてしまうと、その先の現在や未来に大きな影響を与えてしまうから問題**だと。

この例でも、あなたがこれまで1人で過ごしてきた過去はいったいどうなるのか、また死ななかった恋人が、その後いろんなことに影響を及ぼしてしまうと、元あった現在とは世の中が変わってしまうのではないかということです。

とくに問題とされるのは、タイムトラベルで過去に戻り、両親が出逢わないように画策して、自分が生まれないという状況をつくりだす場合です。そうすると、いったいなぜ自分が今存在するのか矛盾が生じてしまうからです。


このパラドックスを解決するにはどうすればいいか？　考えられるのは、**タイムトラベルのせいでもう1つの別の時間軸ができたという仮説**です。

先ほどの例では、まず、①過去に恋人が交通事故に遭って死んでしまった。②現在自分はその出来事の延長線上である時間軸Ⅰにいる。③タイムトラベルの技術が開発されたので、恋人が交通事故に遭う前の時間にタイムスリップして、恋人を救う。そこで時間軸が分岐する。④死ななかった恋人と新しい時間軸Ⅱにおいて幸せに過ごす。

このように、**2つの異なる時間軸を想定すれば、矛盾は解消**されます。

もっとも、時間軸が複数存在する設定に納得がいかないような場合は、別の考え方が必要になるでしょう。

たとえば、現在や未来を大きく変えてしまうような過去の変更はできないという設定はどうでしょう？　いくら過去を変えようとしても物理的にできないのです。つまり、恋人を救っても、またすぐその直後に別の形でその恋人が死んでしまうというふうに。

それでもやはり、どこまでの変更ならできなくて、どこまでならできるのかという疑問が生じます。「風が吹けば桶屋《おけや》が儲かる」ではないですが、ほんの些細なことでも、何か大きな影響につながりうるからです。

それに、変更の程度を調整するメカニズムが明らかではありません。神様を持ち出せばいいのかもしれませんが、その説明に納得する人がどれだけいるかです。

ということで、いまだにタイムパラドックスは解かれていない難問だと言っていいでしょう。

思考のポイント

タイムトラベルを考えると、時間という概念が深く理解できると同時に、その難しさがよくわかるようになる。

32

試験が抜き打ちなんてあり得ない？

◆抜き打ちテストのパラドックス

「来週どこかで抜き打ち試験を行う」と教師が言った。
でも、生徒たちは考えた。
それが金曜だと抜き打ちにならないので意味がない。
ただ、何曜日でも予測した時点で抜き打ちにならなくなってしまう。

ということは結局、試験はないんじゃない？

曜日	月	火	水	木	金
抜き打ち試験は可能か？	？	？	？	？	X

なぜ生徒たちは「試験がない」と考えた？

これは「抜き打ちテストのパラドックス」と呼ばれるものです。試験に限らず、**予測できないある時点に行うと予告すると、逆に行えなくなってしまうというパラドックス**です。

もう1度設問の例をよく吟味してみましょう。

まず教師は生徒にこう言いました。

「来週どこかで抜き打ち試験を行う」

つまり、来週の月曜日から金曜日までのいずれかの日に試験が行われるということです。抜き打ち試験なので、それがいつなのかはわかりません。

そこで生徒たちは次のように考えました。

まず金曜日に抜き打ち試験があるとした場合、もう木曜日の夜の時点で、翌日に試験があることがわかってしまう。だって、あと1日しかないのだから。それでは抜き打ちとは言えないので、金曜日に抜き打ち試験を行うことは不可能になる。

ただ、木曜日に抜き打ち試験があるとした場合も、自分たちが予測さえすれば同じように水曜の夜の時点で、翌日に試験があることがわかってしまう。そこで木曜日にも抜き打ち試験を行うことができなくなる。

こうして同様に考えていくと、結局水曜日もだめ、火曜日もだめ、月曜日もだめということで、来週の抜き打ち試験はできないという結論になる。

生徒というのは、いつも都合のいいように解釈するものです。できるだけ勉強しなくていいように。そして見事!? 勉強せずに翌週を迎えるのです。はたして、教師は本当に抜き打ち試験を行えないのか?

答えは、「行える」です。なぜか? 教師は嘘をついたのでしょうか? いいえ、そうではありません。

なぜなら、**生徒たちは抜き打ち試験はないと決めてかかっているので、いきなり試験をすれば、それで抜き打ちになるから**です。トンチのようですが、これも立派な思考実験です。

つまり、生徒たちは、予告した期間のいずれかの日に必ず試験を行うということと、自分たちが予測できる日には試験は行われないという2つの別の命題をセットで考えていた点に問題があるのです。

たしかに、予告した期間のいずれかの日に試験があるとしたうえで、かつ予測できる日に試験が行われないとしたら、いずれの日も予測できるので、結局試験は行われなくなってしまいます。でも、予測できる日に試験が行われないかどうかは、じつはわからないわけです。

教師の意図が、当日にならないと試験があるかどうかわからないという点にあったとしたら、予測された日にいきなり試験をするということも可能なのです。いずれにしても、試験勉強はつねにやっておくのが賢明だと言えそうです。

思考のポイント

推論する際、命題を分析して分けて考えないと、正確な解を導くことができない。

33

論理的って根拠はあるの？

◆ルイス・キャロルのパラドックス

PならばQ、QならばRが成り立つとき、なぜPならばRと言えるか説明しなさい。

アキレスはなぜ亀を納得させられなかったのか？

これは『不思議の国のアリス』で有名な、19世紀のイギリスの作家ルイス・キャロルが論じているパラドックスです。

アキレスが亀と対話しています。アキレスはPならばQ、QならばRが成り立つとき、PならばRが成り立つと言いました。

たとえば、**リンゴは丸い、丸いものは転がるというのが成り立つとき、リンゴは転がるというのも成り立ちます**よね。ところが、亀は納得しません。そしてこう尋ねるのです。

「PならばQ、QならばRが成り立つとき、なぜPならばRが成り立つの？」

そこでアキレスは答えます。「PならばQ、QならばRが正しいとき、PならばRが成り立つんだ。だからPならばRと言えるんだよ」と。もちろんアキレスはドヤ顔です。

ところが、亀はまだ腑《ふ》に落ちません。そして尋ねるのです。

「PならばQ、QならばRが正しいとき、PならばRが成り立つのはわかったよ。でも、だからといってなぜPならばRと言えるの？」

アキレスは困惑した顔でこう答えます。

「PならばQ、QならばRという前提のもと、もしPならばRが正しいとしたら、PならばRが成り立つよね？　だからPならばRだって言えるの！」

すると亀は……。もうおわかりですよね？　こうして亀は無限に問い、アキレスは無限に答えるというはめになるわけです。

どうしてこんなことになるかというと、アキレスが最初に挙げた**「PならばQ、QならばRが成り立つとき、PならばRが成り立つ」というのは、じつは証明不可能な暗黙の了解**だからです。そういう了解のことを「公理」と言います。言い換えると、その他の命題を導きだすための前提として導入される最も基本的な仮定のことです。

ルイス・キャロルが言いたいのは、どんな論理もその意味での公理にすぎないということです。

いわば、論理などというものは、ある特定の規則にすぎないということです。だからその規則ではこうなっていると言われれば、それで終わりなのです。

これは私たちの通常の感覚に反するものだと思います。ふだん私たちは、論理的に考えればわかるはずだと言ったりしますが、その場合の論理というのは、誰も証明することのできない思い込みにすぎないのです。

ですから、**その論理を当然のものとしている者同士なら通用しますが、それを当然だと思っていない人とは永遠にわかり合えない**ということになるのです、先ほどの亀のように。

したがって、「PならばQ、QならばRが成り立つとき、なぜPならばRと言えるか説明しなさい」と言われたとき、自分が当然と思う規則にのっとって説明してもだめなのです。あくまで**相手と規則を共有したうえで説明する必要がある**わけです。

思考のポイント

論理さえも当然のものではないことを知れば、物事の説明の仕方が変わってくる。

34

すべてのカラスはなぜ黒い？

◆ヘンペルのカラス

すべてのカラスは黒いことをどう証明すればいいか？

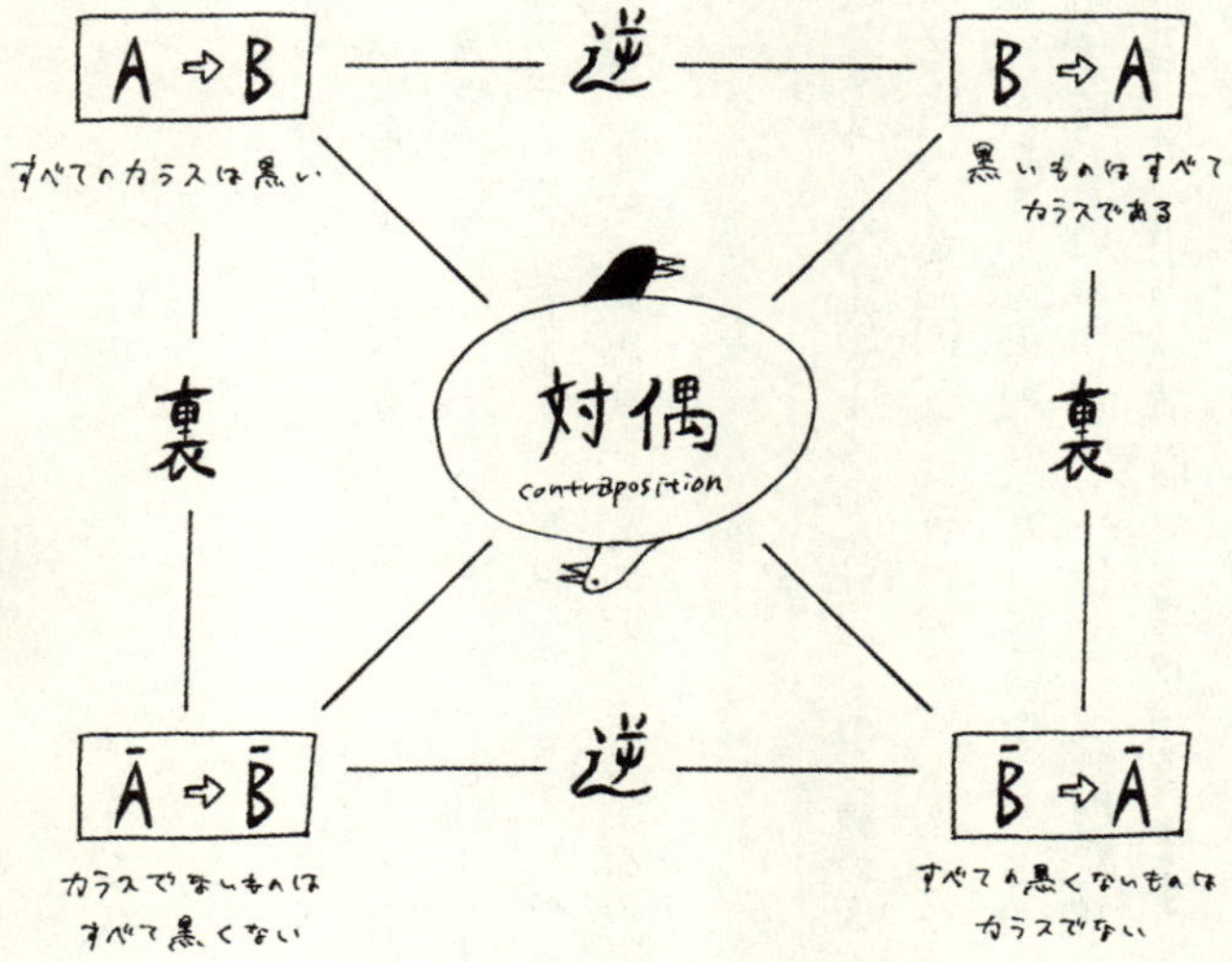
A ⇒ B
すべてのカラスは黒い
逆
B ⇒ A
黒いものはすべてカラスである
裏
対偶
contraposition
裏
Ā ⇒ B̄
カラスでないものはすべて黒くない
逆
B̄ ⇒ Ā
すべての黒くないものはカラスでない

すべての黒くないものは、カラスではない？

前ページの図と照らし合わせながら読んでいただきたいのですが、まず「すべてのカラスは黒い」という場合、すべてのカラスをA、黒いをBと表現するとします。すると「すべてのカラスは黒い」（A→B）ということになります。その逆は「黒いものはすべてカラスである」（B→A）、裏は「カラスでないものはすべて黒くない」（$\overline{A}$→$\overline{B}$）、対偶《たいぐう》は「すべての黒くないものはカラスでない」（$\overline{B}$→$\overline{A}$）となります。

「対偶」というのは、ある命題が成立する場合に、**その命題の仮定と結論の両方を否定した命題も成立するという命題同士の関係性**のことです。だから命題「AならばB」に対する対偶は、「BでないならAでない」となるわけです。

一般に数学の証明では、元の命題「AならばB」の証明が難しいとき、その対偶「BでないならAでない」の証明のほうが簡単な場合があります。つまり、「Aならば

B」と「BでないならAでない」との真偽は一致するので、このとき対偶「BでないならAでない」のほうを証明することで、結果的に「AならばB」を証明することができるわけです。この証明方法を「対偶論法」と言います。

ここですべてのカラスが黒いことを証明するには、直観的にはこの対偶論法を用いて、対偶を調べればいいように思います。

つまり、すべての黒くないものがカラスでないことを証明できれば、それと論理的に等価である対偶の命題「すべてのカラスは黒い」が真だと言えるわけです。

具体的には、黒以外のものがカラスでないことをしらみつぶしに確認することになります。たとえば、リンゴは赤いからカラスではない、文鳥は白いからカラスではない、山は緑だからカラスではない、というふうに。

でも、これってなんだか変だと思いませんか？　つまり、黒くないものは無数にあるので、そんなやり方をしていたら、いつまでたっても最終確認ができないからです。

これがヘンペルのカラスと呼ばれるパラドックスです。20世紀にドイツ出身の科学哲学者カール・ヘンペルが提起したものです。

ここでの問題は、そもそもカラスではないとわかっているリンゴや文鳥についてまで確認しているため、一向に証明が進まない点です。

したがって、**未知のものを対象にする必要**があります。そうすれば、少なくとも証明は進むでしょう。カラスでないものは黒くないという例が増えていくわけですから。

ただ、世の中の黒くないものは無数にありそうなので、いくら未知のものであっても、それを調べ尽くすのはやはり効率が悪いと言えます。調べる対象があまりにも多すぎるからです。

ということは、逆に**対象の数が少なければこの方法でもなんら問題はない**ことになります。つまり、カラス10羽とリンゴ10個と文鳥10羽に限定して、その中で調べるというのなら、対偶を確認するのは効率的な方法だと言えるでしょう。

ちなみに、世界では白いカラスが観測されているので、じつは「すべてのカラスは黒い」という命題は反証されてしまっています。

科学の世界では、1つでも例外があればそれで命題は成り立たなくなります。つまりヘンペルのカラスで対偶の証明を重ねても成り立たないのです。

やがて白いカラス、つまり「すべての黒くないものはカラスではない」に反する事例に出くわすでしょうから。

思考のポイント

「すべての〜は…だ」という命題を証明するとき、対偶を証明しても答えが出ないケースがある。

35

なぜ自己を含むと矛盾する？

◆ラッセルのパラドックス

「自分自身を要素としてもたない集合」の集合は、存在するだろうか？

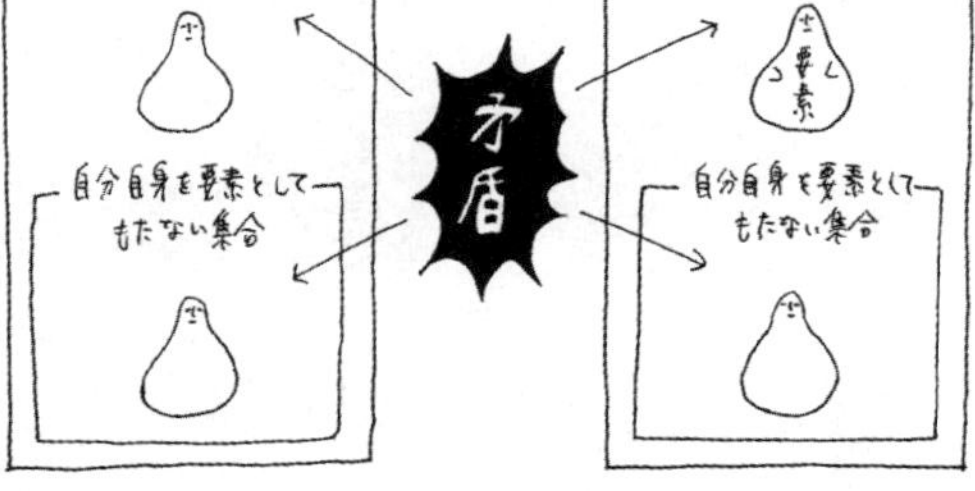

「クレタ人はいつも嘘をつく」の矛盾とは？

この設問自体がなんのことやらわからないという方も多いと思います。大丈夫です。私も最初はなんのことかさっぱりわかりませんでした。しかし、集合の図を描いて、落ち着いて考えればそのうちわかってきます。

これは「ラッセルのパラドックス」と呼ばれる数学の証明の1つです。これを考えたバートランド・ラッセルは20世紀を代表するイギリスの哲学者なのですが、最初は数学の研究をしていました。その中で集合論に関する「自己言及のパラドックス」の問題に直面しました。

自己言及のパラドックスとは、嘘つきのパラドックスとも呼ばれるものです。一番有名なのは、**「クレタ人はいつも嘘をつく」**という表現です。これは、クレタ人で古代ギリシアの伝説的な詩人・預言者であるエピメニデスによるものです。

クレタ人が本当にいつも嘘をつくなら、クレタ人であるエピメニデスのこの言葉も嘘となってしまう、そこに矛盾が生じます。

このように、自己言及のパラドックスは、自己を含めて言及しようとすると発生するパラドックスであるため、こう呼ばれているのです。

これを集合論に当てはめて考えたのが、ラッセルのパラドックスと呼ばれるものです。**「自分自身を要素としてもたない集合」の全体の集合の存在によって、矛盾が導かれる**とするものです。順を追ってゆっくり考えていきましょう。

まず**「集合」というのは、「任意のものを集めた全体」のこと**ですね。

たとえば「リンゴの集合」を考えてみましょう。左ページの図にあるようなリンゴがたくさん入ったカゴを思い浮かべてください。

そうすると、「リンゴの集合」はあくまで「集合」、つまり「カゴ入りリンゴ」であって「リンゴ」そのものではありませんよね。

そうするとこの場合、**「リンゴの集合」というのは、「リンゴ」そのものを要素としてもちますが、自分自身（=リンゴの集合）は要素としてもっていない集合**ということになります。そう、「自分自身を要素としてもたない集合」です。

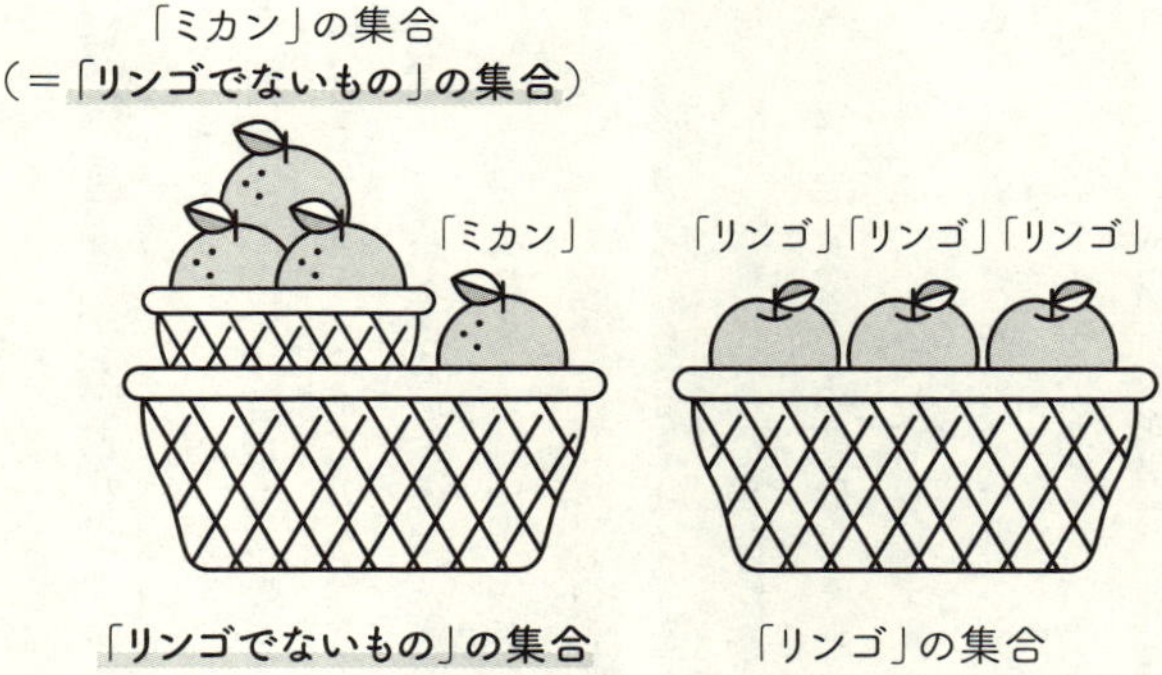

これに対して、「リンゴでないものの集合」はどうでしょうか？

たとえば「ミカン」は、「リンゴ」ではありませんので、「リンゴでないものの集合」の要素になりますね。

そして、「ミカンの集合」（＝カゴ入りミカン）もまた「リンゴでないもの」に当てはまるので、「ミカンの集合」という「リンゴでないものの集合」が、「リンゴでないものの集合」の要素になりうるのです。

したがって、**「リンゴでないものの集合」は、自分自身がその集合の要素となり得る**と言えるわけです。つまり、「自分自身を要素としてもつ集合」です。

「自分自身を要素としてもたない集合」の集合は存在する？

以上を前提に、〝「自分自身を要素としてもたない集合」の集合〟（これを「総体集合」と言います）は存在するのかどうか考えてみましょう。

話をわかりやすくするために、要素としてもつ場合は「もつ」、もたない場合は「もたない」と表現します。この場合、この総体集合が「自分自身を要素としてもつ集合」（＝もつ）、あるいは「自分自身を要素としてもたない集合」（＝もたない）のいずれにも該当しないと言えれば、そんな集合は存在しないという話になります。

しかし、物事は「もつ」か「もたない」かのいずれかしかありませんから、「もちながらもたない」などの事態は考えられません。

さて、検討していきましょう。まず、もしこの総体集合が「自分自身を要素としてもつ集合」（＝もつ）だとすると、そもそも「自分自身を要素としてもたない集合」（＝もたない）は、その構成要素にはならないので、この時点で矛盾してしまいます。「もたない」が「もつ」の仲間に入れるわけがないですから。

逆に、もしこの総体集合が、「自分自身を要素としてもたない集合」（もたない）だとすると、文字通り解釈して、「自分自身を要素としてもたない集合」（もたない）を、要素として集合の中に入れてはいけないことになります。かくして、ここでもまた矛盾が生じるわけです。

以上から、この総体集合、**〝「自分自身を要素としてもたない集合」の集合〟は、どの場合にも矛盾が生じるので、存在し得ないということになるのです。**

ラッセルはこうしたパラドックスを回避するために、解決策として「悪循環原理」を提示しました。つまり、矛盾の原因を、「対象の集まりの中に、その集まり全体によってしか定義できないような要素も含まれてよいと考える」悪循環にあるとし、その悪循環を避けよということです。いわば、**いかなる全体も、その全体自身によってのみ定義可能な要素を含むことはできない**というわけです。

ラッセルは、この原理によって自己言及のパラドックスを排除しようとしたのです。

思考のポイント

集合を用いて矛盾するケースを考えることで、集合に対する考え方が深まる。

36

数字も嘘をつく!?

ゲーデルの不完全性定理

数学理論は不完全であることを証明しなさい。

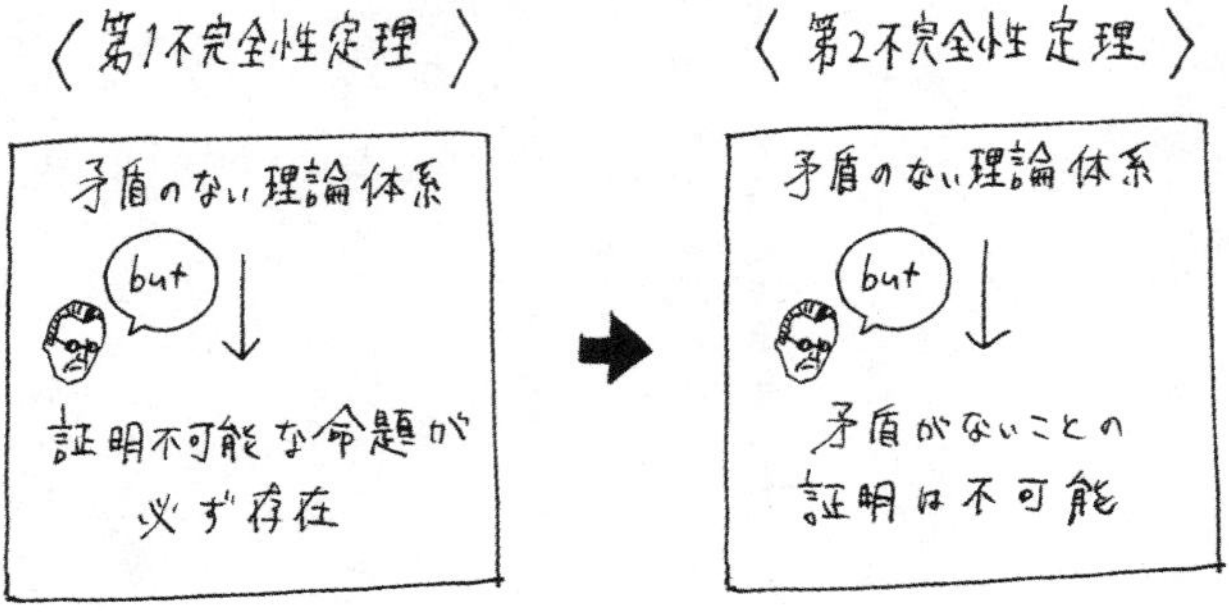
〈第1不完全性定理〉
矛盾のない理論体系
but
証明不可能な命題が必ず存在
〈第2不完全性定理〉
矛盾のない理論体系
but
矛盾がないことの証明は不可能

「数字は嘘をつかない」は本当か？

これはゲーデルの不完全性定理の話です。「ゲーデルの不完全性定理」とは、１９３１年に数学者クルト・ゲーデルが提起した数学基礎論の定理です。**数学理論などというものは不完全であって、完全にはなり得ないと証明した**のです。

この定理が唱えられるまでは、数学理論は矛盾のない完全なものだと思われていました。19世紀の終わりには、現代数学の父と称されるドイツの数学者ダフィット・ヒルベルトが、数学を形式化することでその完全さを宣言し、それを他の数学者たちに呼びかけさえしました。ヒルベルト・プログラムと呼ばれるものです。

よく、「数字は嘘をつかない」と言われますが、たしかに私たちも数字や数式で説得されると、妙に納得してしまうきらいがありますよね。

そこに異議を唱えたのがゲーデルでした。

では、ゲーデルはいったいどうやって数学理論の不完全性を証明したのか。ゲーデルの不完全性定理の内容から見ていきましょう。

この定理は次の2つからなっています。

まず「第1不完全性定理」。これは、ある矛盾のない理論体系の中に、肯定も否定もできない証明不可能な命題が必ず存在するというものです。

次に「第2不完全性定理」です。これは、ある理論体系に矛盾がないとしても、その理論体系は自分自身に矛盾がないことを、その理論体系の中では証明できないというものです。

ここで数式を持ち出すとかなり複雑になるので、文章だけで説明したいと思います。

たとえば、「数学はこの一文を真であると証明できない」という文があるとします。これがもし真なら、数学には証明できない真理があることになるわけです。そうすると、数学は完全ではないことになる。

もうすでにややこしいのですが、あえてごく簡単に表現するとこんな感じでしょうか。**物事には肯定も否定もできない真偽不明のものがある。ということは、どんな物事も自らの理屈だけで矛盾がないことは証明できず、不完全だと言える。**

ゲーデルの不完全性定理を他の分野に濫用《らんよう》することには批判があるのですが、その発想を応用するのは自由だと思います。つまり、数学に限らず、いや数学以外のあいまいな領域だからこそ、他の分野でも同様のことが言えるのではないでしょうか。つまり、何事も完全だなどとは言えないということです。

あれ、そうするとゲーデルの不完全性定理はどうなるのでしょうか？　この定理自身もまた完全ではないという話になってしまいそうですが……。

思考のポイント

完全と思われるものを完全でないと論証できれば、世界の常識をひっくり返すことができる。

DAY
7

「SF」の思考実験

――架空世界と戯れ現実を顧みる

SFとは、科学に基づいた空想のこと。
人間は空想でワクワクできる素晴らしい存在なのです。
最終日である講義7日目は、思考実験の遊び場とも言える
SFの思考実験に取り組んでみましょう。

37

ロボットと人間の境界は？

◆ロボット倫理

空想してもらいたい。あなたの身体は脳だけが生身のもので、その他はすべて機械化していると。

さて、それでもまだあなたは人間と呼べるだろうか？

また、記憶のみチップに入れてロボットに移植した場合はどうだろうか？

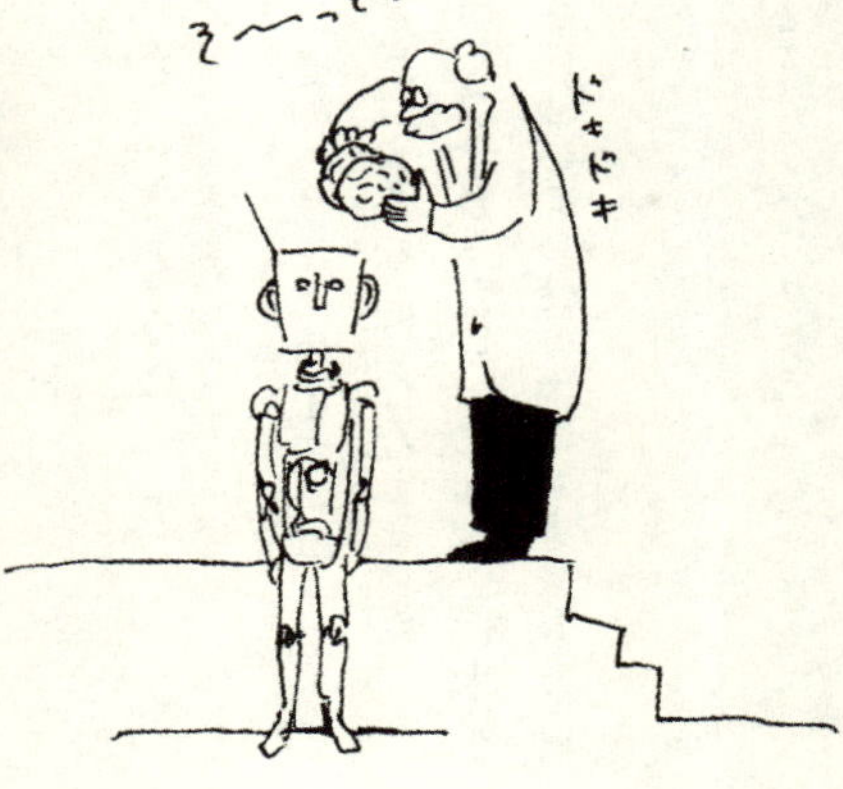
え〜っとね
ドキドキ

脳だけが人間で身体はロボットの場合はどうか？

人気アニメ『攻殻機動隊《こうかくきどうたい》』をご存じでしょうか。そのシリーズの1つ『ゴースト・イン・ザ・シェル』がハリウッドで実写化されたときは大きな話題になりました。

このSF作品では、**身体の義体化、つまりサイボーグ化が当たり前になった近未来を描いています。サイボーグ化された人間は、まさに機械の身体の中にゴーストのごとく誰かが住んでいる状態**です。

人々はどんどん自分の身体を義体化していくのです。最初は腕、次は目、そして全身というように。なぜなら、そのほうが能力がアップするからです。

主人公は脳だけが生身で、あとは機械です。その意味では、人間と言っていいのですが、本人は自分はロボットと同じじゃないかとアイデンティティに悩んでいます。

たしかに、どこからがロボットで、どこからが人間かという境界線ははっきりしていません。**身体の何パーセント以上が機械ならロボットだという定義はない**からです。

脳が人間のものであれば、人間でいいようにも思いますが、そんな人がオリンピックに出るのは抵抗があるでしょう。身体は機械なので空も飛べるし、100メートルを3秒くらいで移動できるとしたら、やはり不公平ですよね。人間離れしているわけですから。これはある意味でロボットの正しさについて考える「ロボット倫理」の問題だと言えます。

脳が部分的にコンピューター化された場合はどうか？

では、仮に脳が人間のものなら人間だと言えるとしても、**その脳自体が部分的に義体化したようなケースはどう考えればいいのでしょうか？**

何パーセントが生身の脳なら人間なのか？　たとえば脳を1パーセントずつ義体化していったら、どの時点で人間でなくなるのでしょうか。そのとき、意識に変化は起こるのでしょうか。あまりそうは考えられません。

仮にずっと意識が継続しているなら、やはり継続した自分がその中にいるわけですから、100パーセント脳が義体化しても同じ自分でしょう。つまり人間なのです。

これについて考えるために、次のようなケースを想定してみましょう。

身体は生身なのに、脳だけコンピューターになるという場合です。
それはさすがに人間じゃない？　はたしてそうでしょうか？

身体は人間で脳だけはコンピューターの場合はどうか？

もし、あなたが脳に損傷を負ったとします。でも幸い医学の進歩のおかげで、記憶だけをチップに取り出し、それをコンピューターに入れて損傷を負った脳と入れ替えた。さて、それでもあなたは人間じゃないと言えるのかどうか。

脳も身体の一部で、臓器の1つにすぎませんから、その意味では手足を義体化するのと変わらないわけです。とするならば、脳だけ義体化したような場合も、人間だといって差し支えないように思えます。そうなると、いったい人間とは何かということになりますよね。

先ほど記憶と言いましたが、さすがに脳も含めた全身が機械になったとき、せめて記憶だけは人間のものでないと、人間とは言えないでしょう。その点で、記憶が鍵になるように思います。

アニメ版の『ゴースト・イン・ザ・シェル』では、こんなセリフが出てきます。

「人はただ記憶によって個人たりうる」。この個人を人間と置き換えてもいいでしょう。だからどこまでが機械で、どこまでが人間かと言われれば、やはり記憶が人間のものである限り人間だということになるのではないでしょうか。たとえそれがつくられた記憶であったとしても、です。

思考のポイント

人間と機械の境界を考えることで、人間の本質がわかる。

38

もし自分がアンドロイドだと言われたら？

✦アイデンティティ・クライシス

もしあなたがある日突然、アンドロイド（人造人間）だと言われたら、信じられるだろうか？

人間と同じ成分でつくられた精巧な身体をもち、また人間としての記憶も埋め込まれているとしたら……。

そうして実際にアンドロイドであることが判明したら、どうやって生きていくだろうか？

アンドロイドとして生きるか？　人間として生きるか？

これは映画『ブレードランナー』にヒントを得た思考実験です。

この映画は1982年に公開されたアメリカ映画で、フィリップ・K・ディックのSF小説『アンドロイドは電気羊の夢を見るか？』がベースになっています。2017年に、続編の映画『ブレードランナー2049』が公開され、話題になりました。

映画では、アンドロイドたちは人間の奴隷《どれい》として働かされています。ところが、反旗を翻《ひるがえ》して脱走するのです。

そこで、主人公である刑事が彼らを追います。その過程で、その刑事自身もじつは自分がアンドロイドではないかと気づきはじめるのです。

アンドロイドたちの中には、自分がアンドロイドであることを知らない者もいるのです。**あえて、そういう記憶を埋め込まれている**わけです。しかし、事実に気づいたとき、彼らはそれをどう受け止めるのか？

映画についてはは見ていただければいいと思いますので、ここではこの問題に焦点を当てて考えてみたいと思います。

もし自分がアンドロイドだと言われたらどう反応するか？ 人から言われただけなら、まず疑うでしょう。そんなことはあり得ないと。でも、そのことを証明するのはかなり困難です。記憶が埋め込まれているからです。自分が幼かったころの写真もつくられたものかもしれません。

それでは、もしその証明ができず、アンドロイドであることがほぼ間違いないとしたら、どうやってこの衝撃の事実を受け入れればいいのでしょうか。

おそらく3つほどシナリオが考えられると思います。1つ目は、自暴自棄になって死んでしまう。2つ目は、アンドロイドとして生きる。3つ目は、それでも人間として生きる。

自暴自棄になって死んでしまうのは、勇気のいることです。なかなかその選択をするのは難しいでしょう。では、**アンドロイドとして生きるか、人間として生きるか、**どちらがいいのか。

アンドロイドとして生きる場合、これまでの人生をいったん否定しなければなりません。そして新しい自分として生きていくことになります。これもまた辛いことです。とくにアンドロイドの地位が人間よりも低い場合には、卑屈な人生を送ることになるでしょう。

これに対して、これまで通りあくまで人間として生きるというなら、自分が生きてきた人生を否定する必要はなく、自尊心も保たれるでしょう。ただ、自分を偽って生きていくという苦悩を背負うことになります。

親と血のつながりがないと知ったら？

じつはこの議論は現実社会のいろんなケースに当てはめることができます。突然移民になってしまったとか、国によっては戦争で捕虜になってしまったというケースも考えられます。

自分の意図とは無関係に、それまでのアイデンティティが奪われ、違う人生を強いられるのです。

とはいえ、これらの場合は身体の中身が変わるわけではありませんし、また元に戻れる可能性があります。

よりアンドロイドの苦悩に近いのは、親のじつの子ではないことが判明したとか、外国人であることを後から知ったとか、性同一性障害に気づいたとかいったような場合です。これらの場合には、その変化を受け入れて生きていくことになります。

そうに決まっていると思い込んでいた自分ではないことに気づくというのは、究極のアイデンティティ・クライシスだと言っていいでしょう。

これはいつ誰の身に降りかかるかわかりません。その意味で、思考実験は**生きていくうえで私たちが出くわすショックをやわらげ、あらかじめ備えるための術《すべ》**になりうると言えるのです。

思考のポイント

これまで思い込んでいた自分ではないかもしれないと考えることで、人生のアイデンティティ・クライシスに備えることができる。

39

自分のまわりだけきれいなら それでいいのか？

✦空想都市レオーニア

もしあなたが旅をしていて、
ある国でこんな光景を見たら何を考えるだろうか？
その国は城壁に囲まれており、
さらにその周囲を廃棄物の山が囲っている。
城壁の中では、人々が消費を謳歌《おうか》していて、
日々大量のゴミが城壁の外へ持ち出される。
人々は一見幸せそうだが、
城壁の外のゴミの山に頭を悩ませてもいる……。

こりゃひでぇな

都市レオーニアは本当に「空想」なのか？

これはポーランド出身の社会学者ジグムント・バウマンが『廃棄された生』という本の冒頭で紹介している空想都市レオーニアの話です。もともとは、イタリアの作家イタロ・カルヴィーノの『見えない都市』という小説で描かれている世界を紹介したものです。

バウマンの本は思考実験を目的としたものではないのですが、この想定は現代社会の問題を考えるのに適しているため、よく用いられています（岡本裕一朗『思考実験』等）。

そう、バウマンがこの空想都市の話をもち出すことで暴こうとしたのは、**現代社会の矛盾**にほかなりません。とりわけ日本を含む先進国では、まさにこうした無駄な消費が日々繰り返されていますから。

そして、**人々は新しい商品を謳歌することで一見幸せそうに見えながらも、増える**

一方のゴミや廃棄物、それに起因する環境汚染に頭を悩ませているのです。

バウマンは、このどちらの側面がレオーニアの本質なのだろうかと問いかけているのだと思います。

彼は近代社会批判を行う社会学者なので、もちろん後者に着目するわけですが、一般に私たちは廃棄物を軽視しがちです。つまり、それは副次的なものであり、そちらが主たる問題ではないのです。

経済発展をすることが一番大事で、それによって人々は幸福になれると思い込んでいる。だから経済発展のための政策を支持するのです。**廃棄物や環境汚染の問題はそれに伴《ともな》う仕方のない面倒な問題だと思っている**わけです。できれば目をそむけたいと。

実際、日本でも原発によって生じる核のゴミはそのようにして発生してきました。事故もあったので、気がつけば城壁を取り囲むゴミの山になってしまっているのです。

積み上げられたおぞましい黒い袋の山。それはまさに目をそむけたくなるような光景です。

さらにバウマンは、なんと人間さえもそうした廃棄物になっていると指摘します。グローバリズムによって、非正規労働者をたくさん生み出し、格差の中で貧困にあえぐ人たちを生み出しているのです。ただ、彼らも同じ共同体の成員ですから、共に生きなければならない。

以前、アメリカのサンフランシスコで、高級デパートの前にたくさんのホームレスがたむろしている光景に驚いたことがあります。

お金持ちそうなアメリカ人たちは、そのホームレスの集団を、まるでやっかいな隣人をさげすむような目で一瞥《いちべつ》した後、そそくさとデパートに入っていきました。ところがディスプレイのきらびやかな新商品を見た途端、突然笑顔を取り戻すのです。

目をそむけずに心の底から幸せを感じるには？

さて、私たちはいったいどうすればいいのか？

まずは、城壁の外に出て、**城壁の隙間から自分の国をのぞくこと**でしょう。中にいるだけではその全体像を客観的に見ることができません。

それは海外から日本を見ることで可能になると思います。私もそうですが、アメリカと比較して日本も同じじゃないかとハッとしたのを覚えています。

あるいは、発展途上国から見るのもいいでしょう。経済発展が目覚ましい国々では、まさにこのレオーニアと同じような光景を見ることができます。スラムの横に立ち並ぶビル群は、そうした光景の典型です。まさに人の振り見て我が振り直せです。

もちろんうまくいっている国や都市もあります。ヨーロッパには比較的環境問題への取り組みが先進的な国が多いので、そういうお手本を見て、襟《えり》を正すのもいいでしょう。

いずれにしても、日本は経済的に成熟するだけでなく、精神的にももっと成熟する必要があると言えそうです。

思考のポイント

架空の世界を想定することで、現実世界における問題の本質をあぶりだすことができる。

40

もしコンピューターに政治を委ねたら?

◆コンピューター大統領

もしコンピューターが大統領に選出されたら、私たちはより幸福になるのだろうか?

失言もせず、汚職もないので大歓迎？

人間の能力は限られています。だから間違いも犯すし、先も読めません。その中でも、よりましな人をリーダーに選出して、なんとか国家の運営を委ねているわけですが、うまくいったためしがないといっても過言ではないでしょう。

人間の頭はコンピューターとは違いますから、仕方がないのです。

もしそうだとすれば、コンピューターに政治を任せるというのはどうでしょうか？**コンピューターなら間違いも犯さず、先の先を読んでくれる**に違いありません。

今やAIの発展のおかげで、かなりの事柄がコンピューターに委ねられつつあります。お金の運用はおろか、手術まで。たしかに失敗をするドクターより、「私、失敗しませんので」というAIドクターのほうがいいに決まっています。

命までコンピューターに委ねる時代ですから、こうなったら政治も委ねてしまってはどうでしょうか？　世の中、政治に無関心な人は多いですし、政治家の愚《おろ》かさを嘆く有権者も多いので、むしろコンピューター大統領は大歓迎されるようにも思えます。現に、コンピューター大統領が選出されれば、いいことずくめです。

たとえば、コンピューターは計算ミスをしません。コンピューターはずっと先を見通せます。コンピューターは感情による失敗を犯しません。賄賂《わいろ》もいりません。失言もしません。もちろん不倫もしません。なんと素晴らしい！

でも、コンピューター大統領には血も涙もない？

一言でいうと、コンピューターは人間ではないので、人格が存在しないのです。**人格がないから人格が問われるような問題も起こらない。**

しかし、それは人間のように非合理的な判断をしないということでもあります。非合理的な判断をしないのは一見いいように思えますが、困ることも出てきます。

少なくとも**自分の身を犠牲にしてまで、車に轢かれそうになった子どもを助けることはない**でしょう。あるいは、太宰治の名作『走れメロス』ではないですが、友人の身代わりになって罰を受けようとすることもないでしょう。

これに対して、人間にはそんなことをしてしまう非合理性があります。それゆえに人間は素晴らしいとされるのです。

私たちは、人間のその素晴らしい部分が政治にも反映されることを望んでいます。だからいわゆる「大岡裁き《おおおかさば》」が称揚されるのです。江戸時代の名町奉行《まちぶぎょう》、大岡越前守《えちぜんのかみ》忠相《ただすけ》が下したとされる、あの人情味あふれる裁きのことです。

では、そうした非合理性を取り除くと、いったいどんな政治になるか？ きっと殺伐《さつばつ》とした政治になるに違いありません。まるで事務処理のような、あるいは大量生産の工場のような政治です。合理的ではあるけれども、血も涙もない大統領。なんだか恐ろしいですよね。

では、コンピューター大統領が人格をもったなら？

でもじつは、**人格がないことよりももっと恐ろしい事態になるのは、コンピューターが人格をもった場合**です。

そこでふと思い出すのは、映画『2001年宇宙の旅』に登場する、人格をもったコンピューターHALです。HALは宇宙船をコントロールする優秀なコンピューターなのですが、自分の目的を遂行するために冷酷にも乗組員を殺してしまいます。つまり、どんなに優秀でも、人格をもったコンピューターは、人間と同じ間違いを犯してしまうということです。

とすると、コンピューター大統領は、ヒトラーのような愚かな人間の独裁者以上に恐ろしい存在になってしまいます。超優秀な独裁者になるのですから。ビットを単位とするコンピューターだけに、ヒトラーならぬビットラーです。

私たちが幸福でいるためには、多少愚かでも、やっぱり人間の政治家のほうがましなのかもしれません。

思考のポイント

コンピューターの問題点を突くことで、人間の非合理性を評価することができる。

41

相対主義の矛盾

相対主義国レラタヴィア

髪の国ではロン毛だけがいいとされており、ハゲは迫害されている。

その国に相対主義国レラタヴィアの代表団が訪れた。

相対主義国では、ロン毛でもハゲでもどちらでもいいという相対主義をとっている。ところが、運悪く相対主義国の代表団の団長はハゲだった。

そこで、髪の国のロン毛の首相とハゲの団長が論争を始める。

ロン毛の首相は絶対主義からロン毛のみを支持し、団長は相対主義からそれを否定する。さて、どっちが正しいのだろうか？

バチバチ
このハゲ〜〜〜!!
なんだと〜〜
困ったな…

なんでも認めるはずなのに、「ハゲはダメだ」は認めない？

これはイギリスの哲学者であるマーティン・コーエンによる『倫理問題101問』という本の中で、倫理の問題を考えるための設例として紹介されている物語です。

この本では、具体的にどう考えればいいのかという解説はありませんでしたが、まさに思考実験にうってつけの問題なので、この設例を使って、議論を展開してみたいと思います。

なぜ思考実験にうってつけなのかというと、**一見どちらの主張も正しいように見えるけれども、よく考えると矛盾が生じる**からです。

まずそれぞれの主張を整理しましょう。

「相対主義」というのは、物事を一定の価値観に基づいて判断しないという主義です。その対極にあるのは、**ある一定の価値観しか認めないという「絶対主義」**です。

さて、本設問では髪の国が絶対主義をとっているのに対して、相対主義国レラタヴィアは、その名の通り相対主義をとっています。

髪の国ではハゲ族を迫害しているのですから、ロン毛しか認めていないと言っていいでしょう。これに対して、相対主義国では相対主義をとるので、ロン毛であろうとハゲであろうと、どんな髪型でも問題ありません。何がいいとか悪いとかいうのは、一概に決められないと考えるからです。

ところが、髪の国を訪れた相対主義国の団長が、運悪くハゲだった場合、問題が生じます。いくら自分が相対主義をとっていても、相手がそれを認めない場合、相対主義は成り立たなくなるのです。

相対主義国内部では、誰も一定の価値観を主張しませんから、ハゲであっても誰も気にしません。でも、髪の国のような絶対主義の国では、ハゲであることを非難されるのです。そうすると、自分は気にしなくても、さすがに黙ってはいられなくなるでしょう。まして自分が危害を被るとなるとどうでしょう？

そこで相対主義国のハゲの団長も抗議をし始めます。「なぜハゲで悪いんだ？」と。

相対主義が成り立つのは、みんながそう思っているときだけなのです。もちろん、絶対主義も同じです。

ただ、絶対主義の場合、それを徹底するのは簡単です。ある一定の価値観に従わない人がいたら、排除すればいいだけだからです。粛清《しゅくせい》することもあるでしょう。髪の国のように。

相対主義国の場合はそうはいきません。なぜなら、相対主義はすべてを認めるはずだからです。ロン毛もハゲも、みんな認める。とはいえ、**相対主義を認めないという人が現れると、それを認めることによって相対主義が成り立たなくなる**という問題が生じてしまいます。これがこの設問で起こっている事態です。

ここでもう1つの問題が出てきます。**相対主義を認めない人に対して、相対主義を譲らないということは、いわば相対主義という価値観を絶対的に認めろと主張することにならないか**、ということです。

これを実際の世界の国々に当てはめてみると……

じつはこうした事態は、現実の世界の中でも生じています。

アメリカがイスラーム圏に民主主義を押し付けようとしたり、中国に人権という価値観を押し付けるような場合です。

民主主義は共同体の成員が自分たちで話し合って物事を決める仕組みです。それを外部から押し付けるというのは、すでに矛盾しています。人権も人から支配されたり強要されたりしない権利という側面があるので、それを守ることを強要するのもまた矛盾なのです。

アメリカ人に限りません。日本人もそうです。いや、人間は誰もが自分の中に絶対主義と相対主義の矛盾を抱えて生きているのです。

思考のポイント

絶対主義と相対主義の抱える矛盾を意識することで、論理的に物事を主張できるようになる。

42

パラレルワールド

もし別の世界があったなら？

もしもう1つの別の世界、パラレルワールドが存在するとしたら、いったいどんなことが起こるだろうか？

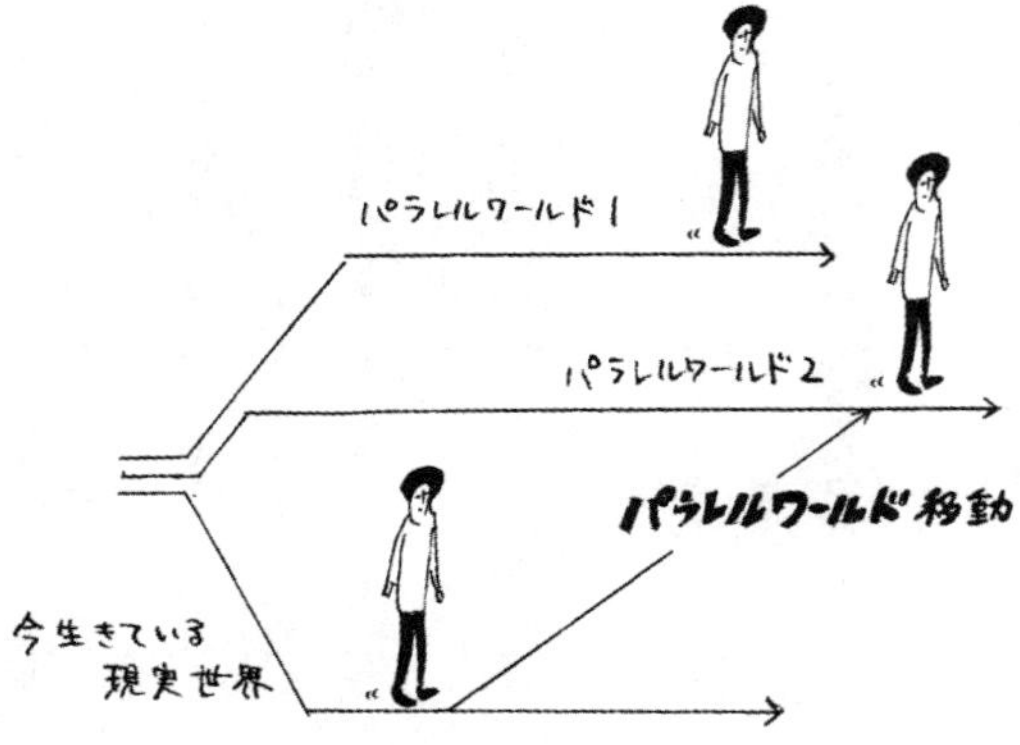

もう1つの自分のストーリーを考えるなら？

「パラレルワールド」とは、ある世界から分岐して、それに並行して存在するとされる別の世界のことです。

この「別の世界」は1つとは限りません。さらに、もともとそういう世界が存在すると考えることもできますし、ある時点から時空が分岐したと考えることもできるでしょう。

物理学ではパラレルワールドの存在について議論がありますが、まだ証明はされていません。

いずれにしても、私たちは1つの時空に生きているので、他の世界がどうなっているのかは知ることができないのです。

ただ、SFの世界では、ひょんなことからもう1つの世界に移動してしまったり、両方を行き来するというような設定がよく見られます。ここでは思考実験として、パラレルワールドが存在するとしたらどうなるか考えてみたいと思います。

パラレルワールドがタイムマシンの話と異なるのは、それが同時並行で進んでいるという点です。タイムマシンで過去や未来に行く場合は、１つの同じ時間軸の上を行き来することになります。ところが、パラレルワールドの場合は、世界が同時並行で進んでいるわけです。

ただ、タイムマシンで過去を変えることによって、２つの時空が存在してしまったような場合には、もう１つの世界がパラレルワールドとして存在することになります。途中から分岐してパラレルワールドができるパターンです。

これに対して元から複数あるような場合、そこではいったい誰がどのような生活をしているのか？

なぜかＳＦの設定では、今ある世界とよく似ているけれど、少しだけ違う世界が描かれます。別にまったく違うモンスターの世界や微生物の世界でもいいようなものですが、そうではないのです。

おそらく少しだけ違う設定のほうが違いが際立って面白いからでしょう。そして、そこにもう１人の自分が住んでいたような場合には、さらに面白いことになります。

両者が入れ替わるというストーリーが可能になるからです。

たいていパラレルワールドでは問題が生じています。やっかいな世界として描かれているのです。そうすることで、パラレルワールドに迷い込んだ主人公がトラブルに巻き込まれ、ドラマになるのです。最後は元の世界に戻れて、めでたしめでたしとなります。

つまり、パラレルワールドとは、「もしも今の人生ではなかったら」を疑似体験させてくれる場なのです。そうして今の世界や人生の良さを実感するのです。

SFの目的が現実の肯定にあるのかどうかは別として、少なくとも少しだけ違う世界を垣間見ることで、私たちはいやがうえにも現実の世界を見直すことになります。

その意味で**パラレルワールドとは、いいところも悪いところも含めて、現実世界を顧《かえり》みるための鏡のような存在**だと言えるのかもしれません。

思考のポイント

現実の世界と少しだけ異なるパラレルワールドを想定することで、現実の世界を顧みることができる。

◆おわりに——思考実験の次にすべきこと

さて、42の思考実験を読み終わった感想はいかがですか？　中には、実際に自分で新しい思考実験を考えてみたくなったという人もいるかもしれませんね。

いずれにしても、ある程度思考実験の知識は頭に入ったことと思います。そしておそらくその分だけ頭がよくなったはずです。

では、次にすべきことは何か？　私は実践だと思っています。

思考実験はあくまで実験であって、実際の社会の中で頭を鋭く働かせて活躍することが目的だと思うからです。

仕事でも勉強でもいいのですが、これまでとは違う視点、これまでとは違う思考を駆使して、現実の問題にあたってみてください。きっとこれまでとは違う自分の頭の使い方に気づくはずです。

思考実験を知ることのメリットの1つは、そうした思考法が身につくことです。つまり、現実の問題について考えるときにも、思考実験をするようになります。いろんな設定を考え、もしこうだったらどうなるかとシミュレーションする習慣が身につくのです。

これができるようになると、現実の問題にぶつかったときの姿勢が変わってきます。まず思考実験し、そのうえで最善の解を導き出すようになるのです。いわば頭の中に実験室ができたようなものです。

もちろん、本書で紹介した以外にも思考実験はたくさんあります。ときにはそうした新しい思考実験にチャレンジして、自分の中の実験アイテムを増やしていくのもいいでしょう。

思考実験と実践の繰り返し。そうやって私たちの頭はどんどんよくなっていくのです。本書がそうした知的習慣のきっかけになれば幸いです。

最後に、本書をお読みいただいたすべての方に改めて感謝を申し上げます。

小川仁志

主な参考文献（順不同）

岡本裕一朗『思考実験』ちくま新書、２０１３年
マーティン・コーエン『倫理問題１０１問』榑沼範久 訳、ちくま学芸文庫、２００７年
マイケル・サンデル『これからの「正義」の話をしよう』鬼澤忍 訳、早川書房、２０１１年
ジュリアン・バジーニ『１００の思考実験』向井和美 訳、紀伊國屋書店、２０１２年
榛葉豊『頭の中は最強の実験室』化学同人、２０１２年
北村良子『論理的思考力を鍛える33の思考実験』彩図社、２０１７年
田中正人『続・哲学用語図鑑』斎藤哲也 編集・監修、プレジデント社、２０１７年
飲茶『哲学的な何か、あと科学とか』二見文庫、２０１７年
三浦俊彦『論理パラドクス』二見文庫、２０１６年
ジョン・ファーンドン『あなたは自分を利口だと思いますか？』
小田島恒志 小田島則子 訳、河出書房新社、２０１１年
森田邦久『量子力学の哲学』講談社現代新書、２０１１年
小泉義之『ドゥルーズの哲学』講談社現代新書、２０００年

都筑卓司『マックスウェルの悪魔』講談社ブルーバックス、1970年
マルクス・ガブリエル『なぜ世界は存在しないのか』清水一浩 訳、講談社選書メチエ、2018年
三浦俊彦『ラッセルのパラドクス』岩波新書、2005年
野崎昭弘『不完全性定理』日本評論社、1996年
野矢茂樹『論理トレーニング101題』産業図書、2001年
野家啓一 門脇俊介 編『現代哲学キーワード』有斐閣双書キーワード、2016年
ジグムント・バウマン『廃棄された生』中島道男 訳、昭和堂、2007年
マレー・シャナハン『シンギュラリティ』ドミニク・チェン 監訳、NTT出版、2016年
ジョン・ケイドー『ブレイン・ティーザー ビジネス頭を創る100の難問』
花塚恵 訳、勝間和代 監修、ディスカヴァー・トゥエンティワン、2008年
根来龍之『ビジネス思考実験』日経BP、2015年

本書は、ＳＢクリエイティブより刊行された『突然頭が鋭くなる42の思考実験』を、文庫収録にあたり再編集のうえ、改題したものです。

知的生きかた文庫

読《よ》むだけで頭《あたま》がよくなる
思考実験《しこうじっけん》42

著　者　小川仁志（おがわ・ひとし）
発行者　押鐘太陽
発行所　株式会社三笠書房
〒102-0072　東京都千代田区飯田橋3-3-1
https://www.mikasashobo.co.jp
印　刷　誠宏印刷
製　本　若林製本工場

ISBN978-4-8379-8903-5 C0130

本書へのご意見やご感想、お問い合わせは、QR コード、
または下記 URL より弊社公式ウェブサイトまでお寄せください。
https://www.mikasashobo.co.jp/c/inquiry/index.html

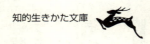

知的生きかた文庫

仕事も人間関係もうまくいく放っておく力

枡野俊明

いちいち気にしない。反応しない。関わらない――。わずらわしいことを最小限に抑えて、人生をより楽しく、快適に、健やかに生きるための、99のヒント。

気にしない練習

名取芳彦

「気にしない人」になるには、ちょっとした練習が必要。仏教的な視点から、うつうつ、イライラ、クヨクヨを〝放念する〟心のトレーニング法を紹介します。

時間を忘れるほど面白い雑学の本

竹内 均【編】

1分で頭と心に「知的な興奮」！ 身近に使う言葉や、何気なく見ているものの面白い裏側を紹介。毎日がもっと楽しくなるネタが満載の一冊です！

数学的に考える力をつける本

深沢真太郎

一流の人はみな数学的に考え、伝えている！ 「ゆえに」「以上」など〝数学コトバ〟を使うことで、頭を一瞬で整理し、論理的な自分に変わる法！

人は、こんなことで死んでしまうのか！

上野正彦

人はニオイで死ぬのか、凍死者が裸で発見されるわけ、絞殺を自殺に偽装できるか…。二万体の検死・解剖を行なった元監察医が解き明かす「死のトリビア」！

C50498

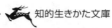